本书为四川师范大学校级教改项目"中国故事读本"编写成果

# HSK 考级指导：中国历史故事

叶　珣／编著

四川大学出版社
SICHUAN UNIVERSITY PRESS

**图书在版编目（CIP）数据**

HSK 考级指导：中国历史故事 / 叶珣编著． — 成都：
四川大学出版社，2024.6
（国际中文教育书系）
ISBN 978-7-5690-6893-1

Ⅰ．①H… Ⅱ．①叶… Ⅲ．①汉语－对外汉语教学－
水平考试－教材 Ⅳ．①H195.4

中国国家版本馆 CIP 数据核字（2024）第 097800 号

书　　名：HSK 考级指导：中国历史故事
　　　　　HSK Kaoji Zhidao: Zhongguo Lishi Gushi
编　　著：叶　珣
丛 书 名：国际中文教育书系
------------------------------------------------
丛书策划：刘　畅　毛张琳
选题策划：张宏辉　毛张琳
责任编辑：毛张琳
责任校对：张宇琛
装帧设计：墨创文化
责任印制：王　炜
------------------------------------------------
出版发行：四川大学出版社有限责任公司
　　　　　地址：成都市一环路南一段 24 号（610065）
　　　　　电话：（028）85408311（发行部）、85400276（总编室）
　　　　　电子邮箱：scupress@vip.163.com
　　　　　网址：https://press.scu.edu.cn
印前制作：成都墨之创文化传播有限公司
印刷装订：四川五洲彩印有限责任公司
------------------------------------------------
成品尺寸：185 mm×260 mm
印　　张：15
插　　页：2
字　　数：303 千字
------------------------------------------------
版　　次：2024 年 6 月 第 1 版
印　　次：2024 年 6 月 第 1 次印刷
定　　价：78.00 元
------------------------------------------------
本社图书如有印装质量问题，请联系发行部调换

扫码获取数字资源

四川大学出版社
微信公众号

# 前　言
## PREFACE

作为"四大文明古国"之一，中国有着几千年悠久的历史文化传统。留学生学习汉语，在学习基本的汉语语音、语法、词汇、文字的基础上，理应对中国传统历史文化有更深入、更全面的了解。

汉语水平考试（HSK）作为测试母语非汉语者汉语习得水平的重要手段，是每一位在华留学生所必然面临的应试挑战。一方面，现有的留学生教材多讲解HSK考点并设置习题敦促留学生反复练习，没有一本教材将HSK考点与中国历史故事进行融合。另一方面，汉语中有一类特殊的词汇：熟语。熟语又分为成语、歇后语、惯用语、谚语。这些熟语大部分皆有历史来源，但现今的留学生教科书很少去探求它们产生的历史背景，梳理其中有趣的历史故事。

本书的编排即以历史时序为纵坐标，以成语、歇后语、惯用语、谚语四类熟语故事为横坐标，旨在打通语言教学与文化传播的壁垒，使留学生在进一步领略中国传统文化魅力的同时提高其汉语书写能力、表达能力以及HSK应试能力。

现将本书设计思路做如下介绍。

本书共分六个单元，共计二十一课。课文依历史顺序编撰，课后习题按由易到难的原则设置，每课的末尾附上对比阅读材料。课后习题与对比阅读的大致作用如下：

一、词语部分练习：旨在使留学生更扎实地掌握、运用HSK考纲中的部分词语。

二、语法部分练习：促使留学生了解HSK中的部分语法考点，提升其运用汉语遣词造句的能力。

三、熟语部分练习：加深留学生对中国传统故事、中国传统词汇的认知与理解。

四、阅读理解：提高留学生汉语阅读水平。

五、对比阅读中的讨论题：促使留学生用汉语模式进行发散型思考。

此外需要说明的是，因历史故事本身具有曲折、复杂的特点，故本教材适用于有一定汉语基础的学生，目标学习人群为本科三年级及以上程度的汉语学习者。

本书编撰时设定的目标很高，但因个人眼界、学识、经验等方面的局限，有的目标还尚未达到，而这也正是需要后续的汉语国际教育者所批评、指正、弥补的地方。当然我也期待大家的反馈，让我有机会在日后的修订中弥补曾经的不足。

最后，感谢四川师范大学国际教育学院的支持，本书得以问世，离不开大家的支援与鼓励！

叶　珣

2023 年 4 月 6 日

# 目 录
CONTENTS

◇◇ **第一单元　先　秦**

第1课　大禹治水 ·········································· 2

第2课　姜太公钓鱼 ······································· 12

第3课　烽火戏诸侯 ······································· 23

第4课　狭路相逢勇者胜 ·································· 37

◇◇ **第二单元　秦　汉**

第5课　指鹿为马 ·········································· 52

第6课　夜郎自大 ·········································· 63

第7课　胸怀大志的陈蕃 ·································· 72

◇◇ **第三单元　三国两晋南北朝**

第8课　乐不思蜀的刘禅 ·································· 82

第9课　左思与《三都赋》 ······························ 92

第10课　东山再起的谢安 ······························ 101

第11课　元景皓拒绝改姓 ······························ 113

1

◆ 第四单元　隋　唐

第12课　破镜重圆 ································································ 124

第13课　千里送鹅毛 ····························································· 134

第14课　刘蜕中进士 ····························································· 144

◆ 第五单元　宋　元

第15课　秦桧诬陷岳飞 ························································· 154

第16课　李秀才画纺织机 ····················································· 164

第17课　陶宗仪与《南村辍耕录》 ·········································· 173

◆ 第六单元　明　清

第18课　"露马脚"的马皇后 ················································ 184

第19课　浪子回头金不换 ····················································· 193

第20课　郑板桥交朋友 ························································· 203

第21课　不拘一格降人才 ····················································· 211

参考答案 ············································································ 220

# 先 秦

## ·第1课· 大禹治水

　　4000 多年以前，黄河流域经常发洪水，房屋和庄稼都被淹没了，百姓的生活十分艰难。一个叫作鲧的人接下了治理洪水的任务。洪水来了，他就修建堤坝，想把洪水阻挡在堤坝以外。可是，九年过去了，洪水的问题依然没有解决。又过了不久，年老的鲧就去世了。

　　大禹是鲧的儿子，他继承了父亲没有完成的事业，继续治理洪水。最初，大禹和父亲一样，修建堤坝阻挡洪水。但是，很快他就发现，大雨能把辛苦修建的堤坝轻易冲毁。于是，大禹改变了治理洪水的方法。他认为治理洪水既要采取"堵"的办法，又要采取"疏通"的办法。

　　在后来的十三年中，大禹带领人们挖掘了三百条大河和三千条小河。这些河流不仅灌溉了农田，还使得洪水得到了有效的排放。人们终于又过上了安稳的生活。

　　自治理洪水以来，大禹一直非常忙碌。他曾三次经过自己的家门口，但都因害怕耽误治水的时间而没有回家。第一次，大禹在门外听到妻子的哭叫，那是妻子在生孩子。过了一会儿，婴儿的哭声传来，孩子出生了。大禹犹豫了片刻，没有回家。第二次，大禹的妻子将儿子抱在怀中，儿子向大禹招手。那时正是治水的关键时候，大禹也向儿子招了招手，就匆匆地走了。第三次经过家门时，大禹的儿子已经十几岁了，儿子使劲地将大禹拉进家门。大禹摸着儿子的头，对他说，洪水没有解决，自己还不能回家。说完就又匆匆地离开了。

　　后人为纪念大禹治水时三次经过家门而没有回家的辛苦，创造了惯用语"三过家门而不入"。"三过家门而不入"通常用来赞扬一个人的责任心与奉献精神。

## 词语

1. 流域（高等）　　　liúyù　　　　drainage basin

2. 洪水（六级）　　　hóngshuǐ　　flood; deluge

3. 庄稼（高等）　　　zhuāngjia　　cropland

4. 淹（高等）　　　　yān　　　　　submerge

5. 治理（五级）　　　zhìlǐ　　　　control; harness

6. 修建（五级）　　　xiūjiàn　　　build; construct

7. 堤坝（高等）　　　dībà　　　　dykes and dams

8. 阻挡（高等）　　　zǔdǎng　　　obstruct

9. 依然（四级）　　　yīrán　　　　still

10. 继承（五级）　　　jìchéng　　　succeed; carry on

11. 最初（四级）　　　zuìchū　　　at first; initially

12. 辛苦（五级）　　　xīnkǔ　　　　hard; laborious

13. 轻易（四级）　　　qīngyì　　　easily; readily

14. 冲（四级）　　　　chōng　　　rush; wash away

15. 毁（六级）　　　　huǐ　　　　damage; destroy

16. 于是（四级）　　　yúshì　　　whereupon; thereupon

17. 堵（四级）　　　　dǔ　　　　　stop up

18. 疏通（高等）　　　shūtōng　　　dredge

19. 挖掘（高等）　　　wājué　　　dig

| | | |
|---|---|---|
| 20. 河流（高等） | héliú | river |
| 21. 灌溉（高等） | guàngài | irrigate |
| 22. 田（六级） | tián | cropland; field |
| 23. 排放（高等） | páifàng | discharge |
| 24. 安稳（高等） | ānwěn | settled |
| 25. 忙碌（高等） | mánglù | busy |
| 26. 耽误（高等） | dānwù | delay |
| 27. 妻子（四级） | qīzǐ | wife |
| 28. 婴儿（高等） | yīng'ér | baby |
| 29. 犹豫（五级） | yóuyù | hesitate |
| 30. 抱（四级） | bào | hold; cradle |
| 31. 招手（五级） | zhāoshǒu | wave |
| 32. 关键（五级） | guānjiàn | key; pivotal |
| 33. 匆匆（高等） | cōngcōng | in a rush |
| 34. 使劲（四级） | shǐjìn | exert all one's strength |
| 35. 摸（四级） | mō | touch |
| 36. 后人（高等） | hòurén | later generations |
| 37. 赞扬（高等） | zànyáng | praise |
| 38. 与（六级） | yǔ | and |
| 39. 奉献（六级） | fèngxiàn | dedicate |

## 专有名词

| | | |
|---|---|---|
| 1. 禹 | Yǔ | King Yu |
| 2. 鲧 | Gǔn | Gun |

## 练习

### 一、选词填空

修建　辛苦　排放　流域　继承　灌溉　关键　耽误　疏通　匆匆

1. 长江（　　　）　　　　　　2.（　　　）房屋

3.（　　　）财产　　　　　　4.（　　　）工作

5.（　　　）河道　　　　　　6.（　　　）田地

7.（　　　）污水　　　　　　8.（　　　）时间

9.（　　　）时刻　　　　　　10.（　　　）走开

### 二、用汉语解释以下词语

1. 淹：

2. 治理：

3. 堵：

4. 犹豫：

5. 后人：

### 三、用介词"将"造句（HSK 5 级考点）

原文：大禹的妻子将儿子抱在怀中。

"将"：介词　引出受事者：大禹的儿子；施事者：大禹的妻子

"将"引出受事者的其他例句：

＊我将书放在桌子上。

＊他将水喝完了。

请用介词"将"造句：

## 四、句型练习

### 固定格式1（HSK 4级考点）

原文：在后来的十三年中，大禹带领人们挖掘了三百条大河和三千条小河。

格式：在……中

其他例句：

＊在这节语言课中，我们学到了许多语言知识。

＊在这次演出活动中，她表演的节目十分精彩。

请用"在……中"造句：

### 固定格式2（HSK 4级考点）

原文：自治理洪水以来，大禹一直非常忙碌。

格式：自……以来／……以来

其他例句：

＊自跟玛丽结婚以来，他每天都过得很幸福。

＊到中国留学以来，他坚持每天用中文进行交流。

请用"自……以来／……以来"造句：

并列复句（HSK 4 级考点）

原文：他认为治理洪水既要采取"堵"的办法，又要采取"疏通"的办法。

格式：既……，又……/ 既……，也……

其他例句：

＊我既会说英语，又会说中文。

＊他既是我的老师，也是我的朋友。

请用"既……，又……/ 既……，也……"造句：

五、惯用语练习（非考点，本书特色）

惯用语是人民群众习用已久的，定性、定义、口语性极强的固定词组。惯用语有四个特点：1.人们一般比较熟知，比较大众化；2.多在口语中运用，简单明了、生动有趣；3.常用来比喻一种事物或行为，其意义往往不能简单地从字面上去推断；4.惯用语虽然是一种比较固定的语言用法，但定型性比成语要差些。

本文惯用语："三过家门而不入"

运用惯用语"三过家门而不入"完成以下句子：

＊领导们应加强奉献意识，发扬＿＿＿＿＿＿＿＿。

＊我的爸爸是一名警察，平时十分忙碌，＿＿＿＿＿＿＿＿，好几个月都没有回家。

＊丈夫如果因为工作忙碌而忽略了家里的事，＿＿＿＿＿＿＿＿，做妻子的就不应该过度指责他。

六、阅读理解

1. 鲧治理洪水为什么失败了？
2. 禹治理洪水的办法是什么？
3. 禹为什么三次经过自己的家门口却没有回家？

## 诺亚方舟

很久很久以前，人们在大地上快乐地生活着。后来，随着人口数量的增加，平静的生活渐渐被打破，人们开始了争斗与厮杀，人间充满了罪恶。那时，只有一个叫诺亚的人保持着善良的心灵，他常常劝人们摆脱罪恶，可人们根本不听。

看到人间这种情况，上帝感到非常痛心。他决定要惩罚人类。那么，怎样惩罚呢？上帝打算降一场大洪水，只放过善良的诺亚一家，而把其他人全部淹死。于是，上帝告诉诺亚一家，大洪水即将到来，让他们制造一个巨大的方舟避难。方舟里外都要涂上防水的松香。方舟上还要带上所有种类的牲畜和家禽，每种动物一公一母各七对，以便洪水退去后它们能够继续繁殖。

诺亚按照上帝的吩咐做好了每一件事。在他们登上方舟的那一天，天降暴雨，大洪水暴发了。暴雨连续下了四十天，洪水淹没了地上的一切事物。诺亚的方舟在洪水上漂流了很久。

一百五十天后，洪水渐渐退了下去。诺亚将一只乌鸦从方舟中放出，但乌鸦很快就飞了回来。这说明大地上全是水，乌鸦没有找到能够停留的地方。七天以后，诺亚又把一只鸽子放了出去，鸽子还是飞回到了方舟里。又过了七天，诺亚再次放出那只鸽子。傍晚的时候，鸽子飞回来了，嘴里衔了一片叶子。这说明大地上已经有东西开始露出来了。但诺亚仍然耐心地在方舟里又等待了七天。下一个七天过去后，诺亚第三次把鸽子放了出去，这次，鸽子再也没有飞回来。显然，大地上的洪水已经全退了。

诺亚带着一家人走出方舟，把动物们也都放了出来。这时，上帝也开始对他毁灭人类的行为感到后悔。上帝将彩虹挂在天上，以彩虹作为再也不发大洪水毁灭人类的见证。而诺亚，则带领着一家人从此过上了幸福的生活。

（根据《圣经》中《诺亚方舟》改写）

## 词 语

| | | |
|---|---|---|
| 1. 大地（高等） | dàdì | earth; ground |
| 2. 平静（四级） | píngjìng | quiet; peaceful |
| 3. 渐渐（四级） | jiànjiàn | gradually |
| 4. 人间（五级） | rénjiān | on earth |
| 5. 罪恶（六级） | zuì'è | crime |
| 6. 善良（四级） | shànliáng | kind-hearted |
| 7. 心灵（六级） | xīnlíng | spirit |
| 8. 劝（五级） | quàn | persuade |
| 9. 摆脱（四级） | bǎituō | get rid of |
| 10. 上帝（六级） | Shàngdì | God |
| 11. 痛心（高等） | tòngxīn | distressed |
| 12. 惩罚（高等） | chéngfá | punish |
| 13. 降（四级） | jiàng | fall |
| 14. 放过（高等） | fàngguò | let off |
| 15. 即将（四级） | jíjiāng | be about to |
| 16. 到来（五级） | dàolái | coming |
| 17. 巨大（四级） | jùdà | huge |

| 18. 避难（高等） | bìnàn | seek asylum |
|---|---|---|
| 19. 涂（高等） | tú | paint |
| 20. 种类（四级） | zhǒnglèi | species |
| 21. 牲畜（高等） | shēngchù | livestock |
| 22. 家禽（高等） | jiāqín | fowl |
| 23. 以便（五级） | yǐbiàn | in order that |
| 24. 繁殖（六级） | fánzhí | breed |
| 25. 吩咐（高等） | fēnfù | instruct |
| 26. 登（四级） | dēng | ascend |
| 27. 暴雨（六级） | bàoyǔ | rainstorm |
| 28. 事物（四级） | shìwù | thing |
| 29. 漂（高等） | piāo | float |
| 30. 停留（五级） | tíngliú | stay |
| 31. 鸽子（高等） | gēzi | pigeon |
| 32. 再次（五级） | zàicì | once more |
| 33. 傍晚（六级） | bàngwǎn | at dusk |
| 34. 叶子（四级） | yèzi | leaf |
| 35. 露（六级） | lù | expose |
| 36. 耐心（五级） | nàixīn | patience |
| 37. 再也（五级） | zàiyě | no longer |

| 38. 一家人（高等） | yìjiārén | one family |
| 39. 毁灭（高等） | huǐmiè | destroy |
| 40. 后悔（五级） | hòuhuǐ | regret |
| 41. 彩虹（高等） | cǎihóng | rainbow |
| 42. 作为（四级） | zuòwéi | as |
| 43. 见证（高等） | jiànzhèng | witness |
| 44. 从此（四级） | cóngcǐ | from now on |

### 专有名词

| 1. 诺亚 | Nuòyà | Noah |

### 讨论题

1. 说一说自己国家有关洪水的神话或历史故事。
2. 你认为大禹的故事和诺亚的故事哪个更为可信？为什么？

## ·第2课· 姜太公钓鱼

商朝①末年，君主昏庸，政治腐败，百姓生活得极其痛苦。有一个叫作姜子牙的人很有才华，然而得不到朝廷的重用。

姜子牙喜欢钓鱼，常常一钓就是一整天。别人钓鱼，鱼钩是弯的，在鱼钩上挂上诱饵，以引诱鱼上钩。姜子牙钓鱼，鱼钩是直的，无法挂上诱饵。周围的人都嘲笑姜子牙，说像他这样是永远也钓不上来鱼的。但姜子牙并不介意别人的眼光，他回答说："愿意上钩的就会自己上钩。"

姜子牙奇怪的钓鱼方法传到了周部落一个叫作姬昌的人的耳朵里。姬昌认为姜子牙与众不同，应当是个难得的人才。因此，姬昌决定请姜子牙出山，让他帮助自己建功立业。第一次，姬昌派了一名士兵去请他。姜子牙只顾着钓鱼，根本不理睬士兵。第二次，姬昌改派了一名官员去请他。临行前，姬昌对官员说："不管你用什么办法，都一定要把姜子牙请出山。"但这次官员的行动仍然失败了。姜子牙两次拒绝出山，姬昌意识到，姜子牙是非常难以邀请的。于是，姬昌决定亲自出马。他吃了三天的素食，洗了澡，换了衣服，带上厚重的礼物去拜访姜子牙。这一次，姜子牙终于被姬昌的诚意打动，答应做姬昌的谋士。

后来，姜子牙帮助姬昌治理周部落，使得周部落更加强大。姬昌去世后，姬昌的儿子姬发继位。姜子牙辅佐姬发推翻了商朝，建立了周朝②。周朝的人感念姜子牙的辅佐之功，便尊称他为"姜太公"。

姜太公用直钩钓鱼，可能一辈子也钓不上一条鱼。但姜太公愿意吃亏。他耐心等待，终于等来了姬昌这位明君。后世根据姜太公钓鱼的故事，创造了歇后语"姜太公钓鱼——愿者上钩"。这一歇后语用于比喻某人甘愿去做可能吃亏上当的事。现在，这一歇后语用于比喻某人心甘情愿地落入其他人的谋划中。

## 词语

| | | |
|---|---|---|
| 1. 末（四级） | mò | end; last |
| 2. 政治（四级） | zhèngzhì | politics |
| 3. 腐败（高等） | fǔbài | corruption |
| 4. 极其（四级） | jíqí | extremely |
| 5. 才华（高等） | cáihuá | talent |
| 6. 然而（四级） | rán'ér | however; but |
| 7. 钓鱼（高等） | diàoyú | fish; angling |
| 8. 钩（高等） | gōu | hook |
| 9. 弯（四级） | wān | bent |
| 10. 诱饵（高等） | yòu'ěr | bait |
| 11. 引诱（高等） | yǐnyòu | tempt |
| 12. 无法（四级） | wúfǎ | cannot |
| 13. 嘲笑（高等） | cháoxiào | laugh at |
| 14. 介意（高等） | jièyì | mind; care about |
| 15. 眼光（五级） | yǎnguāng | sight; eye |
| 16. 耳朵（五级） | ěrduo | ear |
| 17. 与众不同（高等） | yǔzhòng-bùtóng | different |
| 18. 难得（五级） | nándé | rare |
| 19. 出山（高等） | chūshān | come out to be an official |

| | | |
|---|---|---|
| 20. 士兵（四级） | shìbīng | soldier |
| 21. 顾（六级） | gù | attend to |
| 22. 理睬（高等） | lǐcǎi | pay attention to |
| 23. 官员（高等） | guānyuán | officer |
| 24. 失败（四级） | shībài | fail |
| 25. 拒绝（五级） | jùjué | refuse |
| 26. 意识（五级） | yìshí | realize |
| 27. 难以（五级） | nányǐ | be difficult to |
| 28. 邀请（五级） | yāoqǐng | invite |
| 29. 素食（高等） | sùshí | vegetarian diet |
| 30. 拜访（五级） | bàifǎng | call on |
| 31. 诚意（高等） | chéngyì | sincerity |
| 32. 打动（六级） | dǎdòng | move; impress |
| 33. 使得（五级） | shǐde | make; render |
| 34. 推翻（高等） | tuīfān | overthrow |
| 35. 功（高等） | gōng | contribution |
| 36. 便（六级） | biàn | then |
| 37. 一辈子（五级） | yībèi·zi | all one's life |
| 38. 吃亏（高等） | chīkuī | suffer losses |
| 39. 根据（四级） | gēnjù | on the basis of |

| 40. 比喻（高等） | bǐyù | metaphor; trope |
| 41. 上当（六级） | shàngdàng | be fooled; be tricked |

**专有名词**

| 1. 姜子牙 | Jiāng Zǐyá | Jiang Ziya |
| 2. 姬昌 | Jī Chāng | Ji Chang; King Wen of the Zhou Dynasty |
| 3. 姬发 | Jī Fā | Ji Fa; King Wu of the Zhou Dynasty |

① 商朝（Shāngcháo, Shang Dynasty）：中国朝代，公元前 1600 年—前 1046 年，汤所建。
② 周朝（Zhōucháo, Zhou Dynasty）：中国朝代，公元前 1046 年—前 256 年，姬发所建。

一、选词填空

才华　嘲笑　拜访　拒绝　失败

1. 耍小聪明的人总是被真聪明的人（　　　）。
2. 小明想请小红吃饭，但小红（　　　）了他。
3. 他很有（　　　），但得不到领导的重用。
4. 今天是星期天，他们打算去（　　　）老师。
5. 接受（　　　），但不选择放弃。

二、用汉语解释以下词语

1. 眼光：

2. 出山：

3. 意识：

4. 推翻：

5. 上当：

三、用程度副词"极其"造句（HSK 4 级考点）

原文：百姓生活得极其痛苦。

"极其"：程度副词，表示程度非常深

使用"极其"的其他例句：

*张老师是个极其负责的人。

*他学习极其认真，每次考试都得满分。

请用"极其"造句：

四、句型练习

转折复句（HSK 4 级考点）

原文：有一个叫作姜子牙的人很有才华，然而得不到朝廷的重用。

格式：……，然而……

其他例句：

*我妈妈不喜欢这本书，然而我很喜欢。

*我以为他会来，然而他一直没有来。

请用"……，然而……"造句：

**条件复句（HSK 4 级考点）**

原文：不管你用什么办法，都一定要把姜子牙请出山。

格式：不管……，都 / 也……

其他例句：

＊不管你认为中文有多么难学，都一定要坚持学下去。

＊不管大家怎样劝他，他也不会听大家的劝告。

请用"不管……，都 / 也……"造句：

**固定句型（HSK 4 级考点）**

原文：姜子牙是非常难以邀请的。

格式：是……的（强调说话人的看法或态度）

其他例句：

＊这项任务是十分艰巨的。

＊他是不会懈怠工作的。

请用"是……的"造句：

## 五、歇后语练习（非考点，本书特色）

歇后语是中国人民在生活实践中创造的一种特殊语言形式，是一种短小、风趣、形象的语句。它由前后两部分组成：前一部分像谜面，后一部分像谜底。通常只说前一部分，而本意在后一部分。

**本文歇后语：**姜太公钓鱼——愿者上钩

判断"姜太公钓鱼——愿者上钩"使用的正误：

*王洪终于追求到了李娟，真是姜太公钓鱼——愿者上钩。

*张明平时学习不努力，期末考试没有及格，在老师看来，他是姜太公钓鱼——愿者上钩。

*这家店的面包很贵，但味道好，每天都有非常多的顾客前来购买，这真是姜太公钓鱼——愿者上钩。

**猜猜歇后语：**

1. 狗拿耗子——（　　　）

2. 棒槌里插针——（　　　）

3. 给你根麦芒——（　　　）

4. 和尚打伞——（　　　）

5. 孔夫子搬家——（　　　）

## 六、阅读理解

1. 商朝为什么不重用姜子牙？

2. 姜子牙钓鱼用的钩子是怎么样的？

3. 为请姜子牙出山，姬昌付出了哪些努力？

## 刘备三请诸葛亮

东汉①末年，天下大乱，有志向的人都在招兵买马，扩大自己的势力，刘备就是其中之一。刘备听闻诸葛亮是个少见的人才，既能领兵作战，又能治理国家，便想去拜访诸葛亮，请他出山帮助自己成就伟业。

第一次，刘备带着结拜兄弟关羽和张飞一同前往诸葛亮的居所。不巧的是，那天诸葛亮不在家，他的书童②说，诸葛亮要过好几天才能回来。刘备一行只好失望而归。

过了几天，刘备打听到了诸葛亮回来的消息。他准备第二次拜访诸葛亮。这时候正值冬天，天气非常寒冷，关羽和张飞都劝刘备改天再去。但刘备不听劝告，决意要再次拜访，关羽和张飞只好陪同。他们冒着风雪，好不容易才来到了诸葛亮的住处。但不知是消息有误还是别的什么缘故，在家的并非诸葛亮，而是诸葛亮的弟弟诸葛均。这次还是没有见到诸葛亮的人影，张飞生气了，他对刘备说："他有什么本事，要哥哥您亲自来请！"刘备制止张飞道："不得胡说，诸葛先生只是碰巧不在罢了，下次我们再来。"

过了一段时间，已到春暖花开的时候，刘备第三次拜访诸葛亮。这一次，诸葛亮总算在家了，但书童说诸葛亮还在睡觉。为了表示对诸葛亮的尊敬，刘备决定不打扰他休息。刘备让关羽和张飞站在大门外等候，自己则恭敬地站在卧室外面等候。

几个时辰③后，诸葛亮醒了，他热情地接待了刘备他们。刘备与诸葛亮谈起天下形势，诸葛亮分析得十分到位。刘备更觉得诸葛亮是一位难得一见的人才，诸葛亮也觉得刘备将来会成为一个贤明的君主。最终，诸葛亮答应出山辅佐刘备建立功业。

后来，在诸葛亮的帮助下，刘备建立了三国④中的蜀国。

### 词 语

| | | |
|---|---|---|
| 1. 天下（六级） | tiānxià | all over China |
| 2. 扩大（四级） | kuòdà | expand |
| 3. 势力（五级） | shìlì | force; power |

| | | |
|---|---|---|
| 4. 少见（高等） | shǎojiàn | rare |
| 5. 作战（六级） | zuòzhàn | fight |
| 6. 兄弟（四级） | xiōngdì | brother |
| 7. 一同（六级） | yītóng | together |
| 8. 一行（六级） | yīxíng | party |
| 9. 失望（四级） | shīwàng | disappointment |
| 10. 归（四级） | guī | return |
| 11. 寒冷（四级） | hánlěng | cold |
| 12. 劝告（高等） | quàngào | advise |
| 13. 陪同（六级） | péitóng | accompany |
| 14. 冒（五级） | mào | brave |
| 15. 好不容易（六级） | hǎobùróngyì | very hard |
| 16. 住处（高等） | zhùchù | residence |
| 17. 缘故（六级） | yuángù | reason |
| 18. 并非（高等） | bìngfēi | be not |
| 19. 而是（四级） | érshì | but |
| 20. 制止（高等） | zhìzhǐ | stop |
| 21. 胡说（高等） | húshuō | bullshit |
| 22. 碰巧（高等） | pèngqiǎo | by coincidence |
| 23. 罢了（六级） | bàle | nothing more |
| 24. 总算（五级） | zǒngsuàn | finally |

| | | |
|---|---|---|
| 25. 尊敬（五级） | zūnjìng | respect |
| 26. 打扰（五级） | dǎrǎo | disturb |
| 27. 等候（五级） | děnghòu | wait for |
| 28. 卧室（五级） | wòshì | bedroom |
| 29. 醒（四级） | xǐng | wake |
| 30. 与（六级） | yǔ | with |
| 31. 形势（四级） | xíngshì | situation |
| 32. 分析（五级） | fēnxī | analyse |
| 33. 到位（高等） | dàowèi | in place |
| 34. 难得一见（高等） | nándé·yíjiàn | rare |
| 35. 最终（六级） | zuìzhōng | ultimately |

## 专有名词

| | | |
|---|---|---|
| 1. 刘备 | Liú Bèi | Liu Bei |
| 2. 诸葛亮 | Zhūgě Liàng | Zhuge Liang |
| 3. 关羽 | Guān Yǔ | Guan Yu |
| 4. 张飞 | Zhāng Fēi | Zhang Fei |
| 5. 诸葛均 | Zhūgě Jūn | Zhuge Jun |

① 东汉（Dōng Hàn, Eastern Han Dynasty）：中国朝代，公元 25 年—220 年。

② 书童（shūtóng, page-boy）：中国古时侍候主人及其子弟读书并做杂事的未成年的仆人。

③ 时辰（shíchen, time unit）：中国古时计时的单位，把一昼夜平分为十二段，每段称为一个时辰，合现在的两小时。

④ 三国（Sān Guó, Three Kingdoms）：中国历史上魏国、蜀国和吴国并立的时期。

思考"姬昌三请姜子牙"与"刘备三请诸葛亮"的不同之处。

## ·第3课· 烽火戏诸侯

周幽王是西周①的最后一位国君，他不理朝政，却特别迷恋女色。周幽王有个妃子叫做褒姒，长得非常漂亮，周幽王对她宠爱有加。为了表示对褒姒的宠爱，周幽王废掉了原来的王后和太子，立褒姒为新王后，立褒姒的儿子姬伯服为新太子。

褒姒虽然容颜美丽，但她却有一个显著的缺点，那就是她不爱笑。无论周幽王怎么逗她，都见不到她的丝毫笑容。这可急坏了周幽王！由此，周幽王下令，如果谁有办法让褒姒展开笑容，就赏赐给谁千两②金子。这时，有一个叫作虢石父的奸臣想到了一个主意，他说："大王不如点燃烽火③试试，看王后笑不笑。"原来，周王朝为了防御敌人入侵，特意在骊山一带建造了二十多座烽火台，每隔一段距离就有一座。一旦敌人来犯，守护第一个烽火台的士兵就会点燃烽火。守护第二个烽火台的士兵见到火光，便也会将烽火燃烧起来……这样一个接一个地点燃烽火，附近的诸侯④看见了，知道周王有难，便会赶来救援。

周幽王采纳了虢石父的建议。一天，他带着褒姒来到骊山。周幽王命令士兵点燃烽火，霎时，火光冲天。四面八方的诸侯见状，以为周王蒙难，纷纷赶来救援。诸侯们赶到骊山脚下，却连敌人的影子也没有看到一个。大家正自疑惑，周幽王却不慌不忙地解释道，其实没有什么敌情，他不过点烽火取乐而已。诸侯们感到被戏弄，都愤怒地说："还国君呢，一点信用都没有。"说完便狼狈地离开了。褒姒见到各诸侯匆忙地来又狼狈地去，觉得有些好玩儿，终于露出了难得一见的笑容。周幽王见此办法管用，先是赏赐了虢石父千两金子，接着又用同样的方式戏弄了诸侯好几次。

几年后，北方少数民族犬戎⑤真的来犯了，周幽王再度点燃烽火，但没有一个诸侯前来救援。犬戎攻破了周朝都城，杀死了周幽王以及现任太子姬伯服。事件平息后，大家拥戴原来的太子姬宜臼做了国君。

周幽王花费千两金子，才博得褒姒一笑，甚至为此付出了生命的代价。后世便创造了"千金一笑"这个成语，用以形容美人的笑容十分难得，价值千金。

## 词语

| | | | |
|---|---|---|---|
| 1. 迷恋（高等） | míliàn | be infatuated with |
| 2. 宠爱（高等） | chǒng'ài | dote on |
| 3. 废（高等） | fèi | depose |
| 4. 王后（六级） | wánghòu | queen |
| 5. 容颜（高等） | róngyán | appearance |
| 6. 显著（四级） | xiǎnzhù | significant |
| 7. 无论（四级） | wúlùn | no matter what |
| 8. 逗（高等） | dòu | amuse |
| 9. 丝毫（高等） | sīháo | a bit |
| 10. 笑容（六级） | xiàoróng | smile |
| 11. 由此（五级） | yóucǐ | from this |
| 12. 下令（高等） | xiàlìng | order |
| 13. 金子（高等） | jīn·zi | gold（But in this passage, gold means copper） |
| 14. 点燃（五级） | diǎnrán | ignite |
| 15. 防御（高等） | fángyù | defense |
| 16. 敌人（四级） | dírén | enemy |
| 17. 入侵（高等） | rùqīn | invade |
| 18. 特意（六级） | tèyì | purposely |

| 19. 一带（五级） | yīdài | area |
| 20. 建造（五级） | jiànzào | build |
| 21. 隔（四级） | gé | separate |
| 22. 距离（四级） | jùlí | distance |
| 23. 一旦（五级） | yīdàn | once |
| 24. 犯（六级） | fàn | violate |
| 25. 守护（高等） | shǒuhù | guard |
| 26. 燃烧（四级） | ránshāo | burn |
| 27. 附近（四级） | fùjìn | nearby |
| 28. 救援（六级） | jiùyuán | rescue |
| 29. 采纳（六级） | cǎinà | accept |
| 30. 命令（五级） | mìnglìng | order |
| 31. 四面八方（高等） | sìmiànbāfāng | all directions |
| 32. 蒙（六级） | méng | suffer |
| 33. 纷纷（四级） | fēnfēn | one after another |
| 34. 影子（四级） | yǐng·zi | shadow |
| 35. 疑惑（高等） | yíhuò | feel puzzled |
| 36. 解释（四级） | jiěshì | explain |
| 37. 而已（高等） | éryǐ | nothing more |
| 38. 愤怒（六级） | fènnù | angry |

| | | |
|---|---|---|
| 39. 信用（六级） | xìnyòng | credit |
| 40. 狼狈（高等） | lángbèi | discomfiture |
| 41. 匆忙（高等） | cōngmáng | in a hurry |
| 42. 管用（高等） | guǎnyòng | effective |
| 43. 再度（高等） | zàidù | once again |
| 44. 前来（六级） | qiánlái | come |
| 45. 攻（高等） | gōng | attack |
| 46. 杀（五级） | shā | kill |
| 47. 以及（四级） | yǐjí | and; as well as |
| 48. 现任（高等） | xiànrèn | present; incumbent |
| 49. 平息（高等） | píngxī | over; stop |
| 50. 花费（六级） | huāfèi | spend; cost |
| 51. 甚至（四级） | shènzhì | even |
| 52. 为此（六级） | wèicǐ | for this reason |
| 53. 付出（四级） | fùchū | pay |
| 54. 代价（五级） | dàijià | price |
| 55. 成语（五级） | chéngyǔ | idiom |
| 56. 形容（四级） | xíngróng | describe |
| 57. 美人（高等） | měirén | beauty |

## 专有名词

| | | |
|---|---|---|
| 1. 周幽王 | Zhōu Yōu Wáng | King You of Zhou |
| 2. 褒姒 | Bāo Sì | Bao Si |
| 3. 姬伯服 | Jī Bófú | Ji Bofu |
| 4. 虢石父 | Guó Shífǔ | Guo Shifu |
| 5. 骊山 | Lí Shān | Mount Li |
| 6. 姬宜臼 | Jī Yíjiù | Ji Yijiu |

注 释

① 西周（Xī Zhōu, Western Zhou Dynasty）：中国朝代，公元前 1046 年—公元前 771 年。

② 两（liǎng, traditional unit of weight）：质量或重量单位，10 钱等于 1 两，旧制 16 两等于 1 斤。

③ 烽火（fēnghuǒ, beacon fire along the border）：古时边防报警点燃的烟火。

④ 诸侯（zhūhóu, general term for dukes and princes serving an emperor）：古代帝王统辖下的列国君主的统称。

⑤ 犬戎（Quǎn Róng, a kind of minority in ancient China）：西周时期的少数民族，该族人主要生活在今山西、内蒙古、甘肃一带。

**一、选词填空**

迷恋　宠爱　丝毫　建造　距离　燃烧　解释　愤怒　平息　花费

1. 这件衣服特别贵，（　　　）了我一千元钱。

2. 小兰是家中最聪明的孩子，父母格外（　　　）她。

3. （　　　）过年还有一段时间，但街上已十分热闹了。

4. 小明特别（　　　）打电子游戏，学习成绩一直不好。

5. 森林（　　　）起来了，有的地方已被烧成灰烬，没有（　　　）剩余之物，人们只得在灰烬上重新（　　　）家园。

6. 小丹买到了假货，她十分（　　　）。她站在商店门口，等待商家出面（　　　）。当商家答应退款，她的怒火才逐渐（　　　）。

**二、近义词辨析**

下令——命令

匆匆——匆忙

**三、用连词"以及"造句**（HSK 4 级考点）

原文：犬戎攻破了周朝都城，杀死了周幽王以及现任太子姬伯服。

以及：在句子中连接词或词组

"以及"连接词或词组的其他例句：

＊学校里有教学楼、操场以及游泳池。

＊我最近很忙，没有时间听音乐、看电影以及进行其他娱乐活动。

请用"以及"造句：

## 四、句型练习

### 口语格式（HSK 4 级考点）

原文：还国君呢，一点信用都没有。

格式：还……呢

"还……呢"表示事物名不副实。

"还……呢"其他例句：

\*还优秀教师呢，连学生的作业都不认真批改。

\*还著名导演呢，拍出来的电影这么难看。

请用"还……呢"造句：

### 条件复句（HSK 4 级考点）

原文：无论周幽王怎么逗她，都丝毫见不到她的笑容。

格式：无论……，都 / 也……

其他例句：

\*无论汉语多么难学，我都要将它学好。

\*无论我怎么思考，也想不出这个问题的答案。

请用"无论……，都 / 也……"造句：

### 假设复句（HSK 5 级考点）

原文：一旦敌人来犯，守护第一个烽火台的士兵就会点燃烽火。

格式：一旦……，就……

其他例句：

\*一旦做出承诺，就要保证完成任务。

＊人一旦安于现状，就会退步。

请用"一旦……，就……"造句：

## 五、成语练习（非考点，本书特色）

成语是中国人长期以来使用的、简洁精辟的定型词组或短句。汉语的成语大多由四个字组成，一般都有出处。成语有很大一部分是从古代沿用下来的，在用词方面往往不同于现代汉语，它代表了一个故事或者典故。

本文成语："千金一笑"

给自己的男 / 女朋友或暗恋的人写一封 200 字左右的情书，要求情书中出现成语"千金一笑"。

## 六、阅读理解

1. 为了表示对褒姒的宠爱，周幽王做了哪些事情？

2. 周王朝建造烽火台的目的是什么？

3. 周幽王最后一次点燃烽火，为什么没有诸侯前来救援？

## 特洛伊之战

很久很久以前，在爱琴海沿岸，有一个叫作特洛伊的城邦国家。它拥有世界上最坚固的城墙。有了这道可靠的城墙的保护，敌人就不会轻易对特洛伊发动进攻，城中的人民因此过了许多年安定的日子。

直到有一天，特洛伊的王后做了一个奇怪的梦。她梦见腹中的胎儿变成了一束火，烧掉了整个特洛伊城。大家认为这是一个不祥的预兆，未出生的孩子或许会给国家带来灾难。出于对国家的保护，孩子刚一出生，王后就不得已地将他丢弃在了山林里。五天后，王后的仆人路过山林，他惊讶地发现，被丢弃的婴儿竟然还活着。仆人觉得这是天意，便收养了小王子，给他取名为帕里斯。帕里斯一天天地长大，逐渐成为一个相貌英俊、健壮有力的小伙。

后来，在一次偶然的机会下，帕里斯与国王、王后重逢了。国王、王后本就对当年遗弃儿子之事深感愧疚。这些年来，他们也无一日不在思念着被遗弃的小王子。此番重逢令国王、王后欣喜万分，他们太过激动，以致于忘记了当年王后梦境中的预言。顺理成章地，帕里斯恢复了王子的身份。

一天，国王交给帕里斯一项重要的任务，他要求帕里斯作为特洛伊的代表，出访海岸对面的斯巴达王国。帕里斯接受了任务，率领一批人马来到斯巴达。斯巴达的王后海伦美艳动人，堪称世界上最漂亮的女人。在帕里斯见到海伦的那一刻，他瞬间忘记了自己的使命，不由自主地沉醉在了海伦惊人的美貌中。而海伦也对英俊潇洒的帕里斯心生爱慕。在热烈爱情的冲击下，帕里斯做出了一个不理智的决定。他召集一起来到斯巴达的特洛伊士兵，对他们说，只要他们肯帮助他带走海伦，他愿意满足士兵的一切愿望。士兵们答应了帕里斯的请求。帕里斯和这群士兵一起冲进王宫，抢劫了斯巴达国王的财宝，也带走了美丽的海伦。

斯巴达国王知道海伦被劫后，感到受到了极大的侮辱。他很快联合古希腊大地上的其他王国，一起出兵讨伐特洛伊。特洛伊城墙坚固，希腊人久攻不下。战争的前九年，特洛伊人与希腊人各有胜负、各有伤亡。到了第十年，希腊人想出了一个办法。他们制造了一只巨大的空心木马，将士兵藏在木马中间。而在表面上，希腊人则做出撤军的假象。他们放火烧毁了军营，让特洛伊人放松警惕。

果然，受到诱骗的特洛伊人将木马抬进了城中。到了夜间，趁特洛伊人熟睡时，希腊士兵从木马中一个接一个地跑出来。他们点燃火把，给埋伏在城外的大军以信号。见到信号的城外大军也杀了进来。于是，在城内城外的双重夹击下，特洛伊城被洗劫一空，男人大多被杀死，妇女和儿童则被卖为奴隶。

就这样，这个世界上最美丽的女人引发的战争以特洛伊城的覆灭而宣告结束。

## 词 语

| 1. 沿岸（高等） | yán'àn | seacoast |
|---|---|---|
| 2. 拥有（五级） | yōngyǒu | possess |
| 3. 坚固（四级） | jiāngù | solid |
| 4. 城墙（高等） | chéngqiáng | rampart |
| 5. 进攻（六级） | jìngōng | assault |
| 6. 安定（高等） | āndìng | settled |
| 7. 梦（四级） | mèng | dream |
| 8. 梦见（四级） | mèngjiàn | dream about |
| 9. 胎儿（高等） | tāi'ér | fetus |
| 10. 烧（四级） | shāo | burn |
| 11. 预兆（高等） | yùzhào | omen |
| 12. 或许（四级） | huòxǔ | maybe |
| 13. 灾难（五级） | zāinàn | disaster |
| 14. 出于（五级） | chūyú | out of |
| 15. 不得已（高等） | bùdéyǐ | be forced to |

| 16. 丢弃（高等） | diūqì | abandon |
| 17. 路过（六级） | lùguò | pass by |
| 18. 惊讶（高等） | jīngyà | amazed |
| 19. 竟然（四级） | jìngrán | unexpectedly |
| 20. 收养（六级） | shōuyǎng | adopt |
| 21. 王子（六级） | wángzǐ | prince |
| 22. 逐渐（四级） | zhújiàn | gradually |
| 23. 英俊（高等） | yīngjùn | handsome |
| 24. 健壮（高等） | jiànzhuàng | robust |
| 25. 有力（五级） | yǒulì | vigorous |
| 26. 偶然（五级） | ǒurán | occasional |
| 27. 国王（六级） | guówáng | king |
| 28. 本（六级） | běn | originally |
| 29. 当年（五级） | dāngnián | in those days |
| 30. 遗弃（高等） | yíqì | abandon |
| 31. 思念（高等） | sīniàn | miss |
| 32. 令（五级） | lìng | make; cause |
| 33. 欣喜（高等） | xīnxǐ | joyful |
| 34. 万分（高等） | wànfēn | very much |
| 35. 激动（四级） | jīdòng | excited |

| | | |
|---|---|---|
| 36. 预言（高等） | yùyán | prediction |
| 37. 顺理成章（高等） | shùnlǐ-chéngzhāng | logical |
| 38. 恢复（五级） | huīfù | reinstate |
| 39. 身份（四级） | shēnfèn | identity |
| 40. 项（四级） | xiàng | item |
| 41. 出访（六级） | chūfǎng | go on a visit abroad |
| 42. 海岸（高等） | hǎi'àn | coast |
| 43. 王国（高等） | wángguó | kingdom |
| 44. 率领（五级） | shuàilǐng | lead |
| 45. 批（四级） | pī | batch; group |
| 46. 堪称（高等） | kānchēng | can be called as |
| 47. 瞬间（高等） | shùnjiān | instantly |
| 48. 使命（高等） | shǐmìng | mission |
| 49. 不由自主（高等） | bùyóuzìzhǔ | can't help（doing sth.） |
| 50. 惊人（六级） | jīngrén | stunning |
| 51. 潇洒（高等） | xiāosǎ | dashing |
| 52. 冲击（六级） | chōngjī | impact |
| 53. 理智（六级） | lǐzhì | sensible |
| 54. 召集（高等） | zhàojí | convene |
| 55. 肯（六级） | kěn | be willing to |

| 56. 抢劫（高等） | qiǎngjié | rob |
| 57. 劫（高等） | jié | plunder |
| 58. 极（四级） | jí | extremely |
| 59. 侮辱（高等） | wǔrǔ | insult |
| 60. 战争（四级） | zhànzhēng | war |
| 61. 胜负（五级） | shèngfù | victory and defeat |
| 62. 伤亡（六级） | shāngwáng | casualty |
| 63. 藏（六级） | cáng | hide |
| 64. 表面上（六级） | biǎomiànshang | seeming |
| 65. 撤（高等） | chè | withdraw |
| 66. 烧毁（高等） | shāohuǐ | burn down |
| 67. 放松（四级） | fàngsōng | relax |
| 68. 警惕（高等） | jǐngtì | vigilance |
| 69. 抬（五级） | tái | lift |
| 70. 夜间（五级） | yèjiān | night |
| 71. 趁（高等） | chèn | while |
| 72. 埋伏（高等） | mái·fú | ambush |
| 73. 双重（高等） | shuāngchóng | double; dual |
| 74. 大多（四级） | dàduō | mostly |
| 75. 妇女（六级） | fùnǚ | woman |

| 76. 儿童（四级） | értóng | child |
| 77. 奴隶（高等） | núlì | slave |
| 78. 引发（高等） | yǐnfā | trigger |
| 79. 宣告（高等） | xuāngào | declare |

## 专有名词

| 1. 爱琴海 | Àiqín Hǎi | Aegean Sea |
| 2. 特洛伊 | Tèluòyī | Troy |
| 3. 帕里斯 | Pàlǐsī | Paris |
| 4. 斯巴达 | Sībādá | Sparta |
| 5. 海伦 | Hǎilún | Helen |
| 6. 希腊 | Xīlà | Greece |

讨论题

1. 同样是美丽的女人，褒姒的爱情经历与海伦的爱情经历有何不同？
2. 谈谈你们国家与战争有关的爱情故事。

## ·第4课· 狭路相逢勇者胜

　　姬宜臼当上周王后，迁都洛邑<sup>①</sup>，中国进入东周<sup>②</sup>时代。东周时期，周王室权力衰落，诸侯国各自为政、竞相争雄。到了诸侯争霸的末期，秦国的势力变得最为强大。

　　一次，秦国和赵国谈判失败，秦王派大军进攻赵国重镇阏与<sup>③</sup>。赵王慌了，连忙召来将军廉颇，问他能不能率大军救援阏与。廉颇说："从邯郸<sup>④</sup>到阏与路途遥远，道路狭窄而险峻，就算我领兵前去，也很难获胜。"赵王十分失望，他转而向赵奢询问意见。赵奢说："路远道狭，两军相争，就好比两只老鼠在极小的洞穴中相遇。而在狭窄的地方相遇，当然是哪个更勇猛哪个就能取得胜利。"赵王觉得赵奢这番"狭路相逢勇者胜"的分析很有道理，便有意派他领兵救援阏与。赵奢一口答应了。

　　赵国军队刚走出邯郸三十里<sup>⑤</sup>，赵奢就下了一道命令：假如有军中士兵对本次作战行动提出建议，提出建议的那个人就会被杀头。对于这道命令，大家都感到很奇怪。士兵们认为新来的将军不懂军事，因为行军作战，士兵向军官谏言本是常事。但作为下属，士兵们也不好多说什么。军队便在这种不安的氛围中继续前进。

　　那时，秦军的主力虽在围攻阏与，但秦国仍派遣了一支小部队驻扎在武安<sup>⑥</sup>，用以监视和阻挡赵军的救援。赵军中的一个侦察人员刺探到了秦军的动向，因而建议赵奢派兵攻打武安。赵奢二话不说，立即将提出谏言的侦察员斩首了。

　　斩杀了侦察员后，赵奢下令全军停止前进，并要求士兵在原地修筑工事。常言道，救兵如救火。修筑工事费时费力，哪里还来得及去解阏与之围呢？士兵们对此颇有怨言。然而，一想到被杀头的侦察员，大家就都不敢公开发表意见。从而也就没有一个人站出来反对赵奢。

　　工事修筑了二十九天后，有个秦国的奸细混进了赵国军营。士兵将奸细押送到赵奢面前，赵奢好吃好喝地招待了他一番，便将他放走了。当天夜里，赵奢发布命令：一小部分军队留在原地，以便继续迷惑秦军。主力军队立马停止修建工事，向阏与进发。

　　驻守阏与的秦国将领胡阳本以为赵奢还在修筑工事，赵国军队的突然到来令他猝不及防。慌乱中，他率兵到阏与的北面迎击赵军。赵奢早有准备，在秦军赶来之前，赵军就占领了阏与城北面的山头。凭借居高临下的地势，赵军将山下的秦军打得落花流水。这时，原本坚守在阏与城内的赵军也从城门中杀出来，与赵奢军队相互配合，共同夹击秦军。秦军两面受敌，最后大败而归。

赵奢用智慧破解了阏与之围。为纪念阏与之战，"狭路相逢勇者胜"这句谚语渐渐流传了开来。"狭路相逢勇者胜"用以说明在双方实力相差不大的情况下，更勇敢的那一方会取得胜利。

## 词 语

| | | |
|---|---|---|
| 1. 王（四级） | wáng | king |
| 2. 迁（高等） | qiān | relocate |
| 3. 时期（六级） | shíqī | period |
| 4. 权力（六级） | quánlì | authority |
| 5. 竞相（高等） | jìngxiāng | vie with |
| 6. 慌（五级） | huāng | flurried |
| 7. 将军（六级） | jiāngjūn | general |
| 8. 率（高等） | shuài | lead |
| 9. 路途（高等） | lùtú | journey |
| 10. 遥远（高等） | yáoyuǎn | faraway |
| 11. 狭窄（高等） | xiázhǎi | narrow |
| 12. 就算（六级） | jiùsuàn | even if |
| 13. 兵（四级） | bīng | soldier |
| 14. 获胜（高等） | huòshèng | win |

| 15. 询问（五级） | xúnwèn | ask |
| 16. 好比（高等） | hǎobǐ | be just like |
| 17. 相遇（高等） | xiāngyù | meet |
| 18. 有意（高等） | yǒuyì | on purpose |
| 19. 军队（六级） | jūnduì | army |
| 20. 假如（四级） | jiǎrú | if |
| 21. 对于（四级） | duìyú | for; about |
| 22. 军事（六级） | jūnshì | military affairs |
| 23. 军官（高等） | jūnguān | officer |
| 24. 下属（高等） | xiàshǔ | subordinate |
| 25. 氛围（高等） | fēnwéi | atmosphere |
| 26. 主力（高等） | zhǔlì | main force |
| 27. 派遣（高等） | pàiqiǎn | dispatch |
| 28. 部队（六级） | bùduì | troop |
| 29. 监视（高等） | jiānshì | watch; monitor |
| 30. 侦察（高等） | zhēnchá | reconnoitre |
| 31. 动向（高等） | dòngxiàng | movement; trend |
| 32. 因而（五级） | yīn'ér | thus; therefore |
| 33. 立即（四级） | lìjí | immediately |
| 34. 斩（高等） | zhǎn | chop |

| | | |
|---|---|---|
| 35. 首（六级） | shǒu | head |
| 36. 原地（高等） | yuándì | here |
| 37. 如（六级） | rú | same as; like |
| 38. 来得及（四级） | lái·dejí | in time |
| 39. 解（六级） | jiě | relieve |
| 40. 颇（高等） | pō | quite |
| 41. 怨言（高等） | yuànyán | complaint |
| 42. 从而（五级） | cóng'ér | thus |
| 43. 混（六级） | hùn | blend; confuse |
| 44. 押（高等） | yā | escort |
| 45. 招待（高等） | zhāodài | entertain |
| 46. 一番（六级） | yìfān | one time |
| 47. 当天（六级） | dàngtiān | the same day |
| 48. 发布（五级） | fābù | issue |
| 49. 迷惑（高等） | míhuò | confuse |
| 50. 慌乱（高等） | huāngluàn | flurried |
| 51. 之前（四级） | zhīqián | before |
| 52. 占领（五级） | zhànlǐng | occupy |
| 53. 凭借（高等） | píngjiè | by virtue of |
| 54. 居高临下（高等） | jūgāo-línxià | commanding |

| 55. 原本（高等） | yuánběn | originally |
|---|---|---|
| 56. 坚守（高等） | jiānshǒu | hold fast to |
| 57. 败（四级） | bài | defeat |
| 58. 智慧（六级） | zhìhuì | wisdom |
| 59. 破解（高等） | pòjiě | crack |
| 60. 流传（四级） | liúchuán | hand down |
| 61. 相差（高等） | xiāngchà | differ |
| 62. 勇敢（四级） | yǒnggǎn | brave |

## 专有名词

| 1. 廉颇 | Lián Pō | Lian Po |
|---|---|---|
| 2. 赵奢 | Zhào Shē | Zhao She |
| 3. 胡阳 | Hú Yáng | Hu Yang |

## 注释

① 洛邑（Luòyì, Luo Yi）：周朝城市名，位于现今中国河南省洛阳市。

② 东周（Dōng Zhōu, Eastern Zhou Dynasty）：中国朝代，公元前770年—公元前256年。

③ 阏与（Yānyǔ, Yan Yu）：赵国城市名，位于现今中国山西省和顺县。

④ 邯郸（Hándān, Han Dan）：赵国都城，位于现今中国河北省邯郸市。

⑤ 里（lǐ, traditional unit of length）：长度单位，一里等于五百米。

⑥ 武安（Wǔ'ān, Wu An）：赵国地名，位于现今中国河北省武安市。

一、选词填空

勇敢　招待　侦察　遥远　智慧　狭窄　破解　占领

1. (　　　) 的地方　　　　2. (　　　) 的道路

3. (　　　) 的战士　　　　4. (　　　) 的老人

5. (　　　) 客人　　　　6. (　　　) 谜题

7. (　　　) 情报　　　　8. (　　　) 高地

二、用汉语解释以下词语

1. 竞相：

2. 军事：

3. 主力：

4. 流传：

5. 相差：

三、用介词"对于"造句（HSK 4 级考点）

原文：对于这道命令，大家都感到很奇怪。

"对于"：引出对象

使用"对于"的其他例句：

＊对于我来说，工资的高低不是最重要的。

＊对于文学作品，他有一种特别的鉴赏力。

请用介词"对于"造句：

## 四、句型练习

### 假设复句（HSK 4 级考点）

原文：假如有军中士兵对本次作战行动提出建议，提出建议的那个人就会被杀头。

格式：假如……，（就）……

其他例句：

＊假如不好好做作业，你的学习成绩就不会好。

＊假如今晚有演出，我一定去看。

请用"假如……，（就）……"造句：

### 因果复句（HSK 5 级考点）

原文：赵军中的一个侦察人员刺探到了秦军的动向，因而建议赵奢派兵攻打武安。

格式：……，因而……

其他例句：

＊小明没有按时完成作业，因而受到了老师的批评。

＊他待人真诚热情，因而他交了很多朋友。

请用"……，因而……"造句：

### 目的复句（HSK 5 级考点）

原文：一小部分军队留在原地，以便继续迷惑秦军。

格式：……，以便……

其他例句：

＊你明天早点出门，以便按时到达电影院。

＊平时上课要好好做笔记，以便考试前复习。

请用"……，以便……"造句：

五、谚语练习（非考点，本书特色）

谚语指在民间流传，表达某种深刻含义的简单、通俗的固定语句。人们在实际生活中通过仔细观察和切身体会，总结了丰富的社会生活经验，经常用通俗易懂的词语来表达，这些词语使用久了，便逐渐形成固定词组或语句，成为谚语。同时，也有一部分谚语来自历史典故。

本文谚语："狭路相逢勇者胜"

仿照以下段落，写一则体育新闻片段，要求新闻片段中出现谚语"狭路相逢勇者胜"：

英格兰"侥幸"地拿下最后一张8强"门票"，这预示着本届世界杯的争夺越来越激烈。8强之战，4组对抗，实力近乎相当。谁能更进一步，朝着大力神杯迈进，万众瞩目。

俗话说，狭路相逢勇者胜。拥有拼搏精神的乌拉圭队、瑞典队来到8强，拥有"快马"姆巴佩的法国队、拥有威廉的巴西队来到8强，以巧取胜的克罗地亚队亦在8强之列。他们的厮杀会有怎样的结局，让我们尽情期待。

六、阅读理解

1. 廉颇为什么不愿率兵救援阏与？

2. 赵王为什么让赵奢领兵救援阏与？

3. 赵奢为什么要斩杀侦察员？

## 纸上谈兵

　　赵奢有一个儿子叫作赵括，赵括从小喜欢学习兵法、谈论战略。但赵奢并不认为赵括真正具备军事方面的才干。赵奢曾对夫人说："战争是有关生死存亡的大事，怎么会像括儿说的那般轻松呢？将来国君如果任用括儿为将，那么赵国一定会遭遇惨败。"

　　公元前260年，赵国军队与秦国军队在长平①打仗。赵军接连打了几次败仗，将军廉颇率领赵军坚守堡垒，不再主动出战。新上任的赵王对廉颇不出战的做法很不满意。秦军打听到了新赵王对廉颇的态度，便派人到赵国散布谣言，说："秦军最害怕赵奢的儿子赵括，如果赵括领兵出战，秦军一定打败仗。"听了谣言之后，新赵王更加坚定了换下廉颇，让赵括担任赵军主帅的想法。

　　接到赵王命令后，赵括的母亲立即来到王宫，向赵王谏言道："赵奢临死时再三嘱咐：'打仗不是儿戏。赵括只在兵书上学习过兵法，根本没有实战经验，断不可做将兵主帅。'大王若派赵括前往长平，如果大败而归，我们一家老小受到惩罚、遭了灾祸倒在其次，怕就怕连国家的命运也断送在了他的手上。"赵括的母亲希望赵王收回成命，可赵王没有采纳她的意见，仍执意让赵括前往长平，替换廉颇。

　　赵括一到长平，就改变了作战策略。他主动出击，与秦军正面开战。秦将白起率领一部分军队假装败退，而让主力部队偷偷绕到赵军背后，袭击赵军的补给线。赵括不知是计，率全部赵军追击白起"败军"。而后，秦军成功切断赵军补给，将赵军分割成了两个部分。赵军一见补给被切断，顿时军心大乱，秦军又趁机将赵军团团包围。

　　在被秦军围困了四十几天后，赵军一点粮草也没有了，大批士兵饿死。无奈之下，赵括只好亲自率领精兵与秦军硬拼，结果他被秦军乱箭射死。主帅阵亡，赵军更是没有了士气。在秦军的诱骗下，赵国军人选择投降。但最后，赵国军人皆被秦军屠杀。

　　赵括只是纸上谈兵，其实不会用兵。长平之战致使赵国损失了四十五万军人，赵国由此元气大伤，走上了灭亡的道路。

## 词 语

| | | |
|---|---|---|
| 1. 谈论（高等） | tánlùn | talk about |
| 2. 战略（六级） | zhànlüè | strategy |
| 3. 具备（四级） | jùbèi | have |
| 4. 曾（四级） | céng | ever |
| 5. 夫人（四级） | fūrén | wife |
| 6. 有关（六级） | yǒuguān | relate to |
| 7. 生死（高等） | shēngsǐ | life and death |
| 8. 大事（五级） | dàshì | great event |
| 9. 轻松（四级） | qīngsōng | easy |
| 10. 遭遇（六级） | zāoyù | encounter |
| 11. 惨（六级） | cǎn | crushing |
| 12. 公元（四级） | gōngyuán | Christian era |
| 13. 打仗（高等） | dǎzhàng | fight |
| 14. 接连（五级） | jiēlián | in succession |
| 15. 堡垒（高等） | bǎolěi | fortress |
| 16. 不再（六级） | búzài | no longer |
| 17. 上任（高等） | shàngrèn | take a post as an official |
| 18. 散布（高等） | sànbù | spread |
| 19. 谣言（高等） | yáoyán | rumor |

| 20. 之后（四级） | zhīhòu | after |
| 21. 坚定（五级） | jiāndìng | harden |
| 22. 担任（四级） | dānrèn | hold the post of |
| 23. 临（高等） | lín | close to |
| 24. 再三（四级） | zàisān | repeatedly |
| 25. 嘱咐（高等） | zhǔfù | enjoin; instruct |
| 26. 若（六级） | ruò | if |
| 27. 收回（四级） | shōuhuí | revoke |
| 28. 可（五级） | kě | but |
| 29. 执意（高等） | zhíyì | insist on |
| 30. 替换（高等） | tìhuàn | replace |
| 31. 策略（六级） | cèlüè | tactics |
| 32. 正面（高等） | zhèngmiàn | front; frontage |
| 33. 假装（高等） | jiǎzhuāng | pretend |
| 34. 偷偷（五级） | tōutōu | secretly |
| 35. 绕（五级） | rào | bypass |
| 36. 袭击（高等） | xíjī | assault |
| 37. 不知（高等） | bùzhī | be unaware of |
| 38. 计（高等） | jì | stratagem |
| 39. 切断（高等） | qiēduàn | cut off |

| | | |
|---|---|---|
| 40. 补给（高等） | bǔjǐ | supply |
| 41. 分割（高等） | fēngē | separate |
| 42. 顿时（高等） | dùnshí | immediately |
| 43. 趁机（高等） | chènjī | seize the chance |
| 44. 包围（五级） | bāowéi | surround |
| 45. 大批（六级） | dàpī | large amounts of |
| 46. 无奈（五级） | wúnài | have no choice but to |
| 47. 之下（五级） | zhīxià | under |
| 48. 精（六级） | jīng | picked |
| 49. 硬（五级） | yìng | banely able to |
| 50. 拼（五级） | pīn | do one's utmost |
| 51. 箭（六级） | jiàn | arrow |
| 52. 射（五级） | shè | shoot |
| 53. 更是（六级） | gèngshì | even more |
| 54. 士气（高等） | shìqì | morale |
| 55. 军人（五级） | jūnrén | soldier |
| 56. 选择（四级） | xuǎnzé | choose |
| 57. 投降（高等） | tóuxiáng | surrender |
| 58. 皆（高等） | jiē | all |
| 59. 屠杀（高等） | túshā | massacre |

| 60. 致使（高等） | zhìshǐ | result in |
| 61. 损失（五级） | sǔnshī | lose |
| 62. 灭亡（高等） | mièwáng | be destroyed |

**专有名词**

| 1. 赵括 | Zhào Kuò | Zhao Kuo |

① 长平（Chángpíng, Chang Ping）：赵国地名，位于现今中国山西省晋城市高平市。

谈谈赵奢父子的故事给你的启示。

# 秦 汉

## ·第 5 课· 指鹿为马

公元前 221 年，秦王嬴政消灭了其他诸侯国，统一中国，创立了中国第一个封建朝代：秦朝①。嬴政死后，他的儿子胡亥继位。胡亥昏庸无能，宠幸奸臣赵高。赵高得到胡亥的重用，已然权势滔天。可赵高仍不满足，他的终极梦想是篡夺胡亥的皇位，自己来做皇帝。

一次，赵高想测一测自己在文武百官中的威信，好为日后的篡位做准备。他在上朝时牵来一只鹿，对胡亥说："陛下，臣献给您一匹马。"胡亥虽然糊涂，但鹿和马还是分得清楚，他疑惑地道："赵高你错了，这明明是一只鹿。"赵高看了看站在朝堂上的其他大臣，问他们道："你们说这是鹿还是马？"一些大臣善于阿谀奉承，连忙附和赵高道："是马，是马。"一些大臣畏惧赵高的权势，他们在心里想：万一得罪了赵高，那可就完蛋了。于是，他们默不作声，不敢指出赵高的错误。只有少数几个正直的大臣坚持说道："陛下，这是鹿。"赵高意识到这几个坚持说鹿的大臣不屈服于他的淫威，便在不久后找了个机会将他们处死了。

处死忠臣后，赵高的势力越来越大，过了一段时日，胡亥也被赵高用计杀死了。但俗话说："善有善报，恶有恶报。"赵高做了那么多坏事，肯定没有好的下场。胡亥死后，赵高辅佐秦朝皇室成员子婴继位。子婴明白自己只是赵高的傀儡，除非除掉赵高，否则必将重蹈胡亥的覆辙。因此，当上皇帝后，子婴便立马设法杀死了赵高。

赵高邪恶的事迹被史书记载下来，而"指鹿为马"的故事就这样在中国人的口中代代相传。"指鹿为马"原意是指着鹿说是马。后人用成语"指鹿为马"讽刺为了达到自己的目的，不惜颠倒黑白、混淆是非的做法。

## 词　语

| | | |
|---|---|---|
| 1. 消灭（六级） | xiāomiè | wipe out |
| 2. 统一（四级） | tǒngyī | unite |
| 3. 创立（五级） | chuànglì | found |
| 4. 封建（高等） | fēngjiàn | feudalism |
| 5. 朝代（高等） | cháodài | dynasty |
| 6. 无能（高等） | wúnéng | incapable |
| 7. 梦想（四级） | mèngxiǎng | dream of |
| 8. 皇帝（六级） | huángdì | emperor |
| 9. 测（四级） | cè | measure |
| 10. 官（四级） | guān | officer |
| 11. 威信（高等） | wēixìn | prestige |
| 12. 日后（高等） | rìhòu | in the future |
| 13. 牵（六级） | qiān | lead; lead along |
| 14. 鹿（高等） | lù | deer |
| 15. 糊涂（高等） | hútu | muddled |
| 16. 明明（五级） | míngmíng | obviously |
| 17. 大臣（高等） | dàchén | minister |
| 18. 善于（四级） | shànyú | be adept in |
| 19. 附和（高等） | fùhè | echo |
| 20. 畏惧（高等） | wèijù | dread |

| 21. 万一（四级） | wànyī | if by any chance |
|---|---|---|
| 22. 得罪（高等） | dézuì | offend |
| 23. 完蛋（高等） | wándàn | be done for |
| 24. 正直（高等） | zhèngzhí | righteous; upright |
| 25. 屈服（高等） | qūfú | yield（to） |
| 26. 于（六级） | yú | towards |
| 27. 俗话说（高等） | súhuàshuō | as the saying goes |
| 28. 善（高等） | shàn | kind-hearted |
| 29. 报（高等） | bào | return |
| 30. 恶（高等） | è | evil |
| 31. 坏事（高等） | huàishì | bad thing |
| 32. 肯定（五级） | kěndìng | affirm |
| 33. 下场（高等） | xiàchǎng | end |
| 34. 皇室（高等） | huángshì | imperial household |
| 35. 除非（五级） | chúfēi | unless |
| 36. 除（六级） | chú | wipe out |
| 37. 否则（四级） | fǒuzé | otherwise |
| 38. 必将（六级） | bìjiāng | will certainly |
| 39. 设法（高等） | shèfǎ | try to |
| 40. 邪恶（高等） | xiéè | evil |

| | | |
|---|---|---|
| 41. 事迹（高等） | shìjì | deed |
| 42. 记载（四级） | jìzǎi | record |
| 43. 相传（高等） | xiāngchuán | hand down |
| 44. 原（六级） | yuán | original |
| 45. 指着（六级） | zhǐzhe | point at |
| 46. 讽刺（高等） | fěngcì | satirize |
| 47. 不惜（高等） | bùxī | not spare |
| 48. 颠倒（高等） | diāndǎo | turn upside down |
| 49. 黑白（高等） | hēibái | black and white; good and evil |
| 50. 混淆（高等） | hùnxiáo | confuse |
| 51. 是非（高等） | shìfēi | right and wrong |

## 专有名词

| | | |
|---|---|---|
| 1. 嬴政 | Yíng Zhèng | Ying Zheng |
| 2. 胡亥 | Hú Hài | Hu Hai |
| 3. 赵高 | Zhào Gāo | Zhao Gao |
| 4. 子婴 | Zǐ Yīng | Zi Ying |

注释

①秦朝（Qíncháo, Qin Dynasty）：中国朝代，公元前221年—前206年，秦始皇嬴政所建，建都咸阳。

练习

一、选词填空

梦想　糊涂　畏惧　正直　记载

1. 据书上（　　　），中国已有了五千年历史。

2. 他是一个（　　　）的人，从不（　　　）恶人，欺负好人。

3. 他从小的（　　　）就是成为一名汉语教师。

4. 奶奶真的（　　　）了，总是把我当成爸爸。

二、用汉语解释以下词语

1. 统一：

2. 善于：

3. 附和：

4. 下场：

5. 颠倒：

三、用副词"明明"造句（HSK 5 级考点）

原文：赵高你错了，这明明是一只鹿。

"明明"：副词，表示显然如此或确实

含"明明"的其他例句：

＊你昨天明明就逃课了，还撒谎。

＊我明明把钱包放在了书桌上，怎么突然找不到了呢？

请用"明明"造句：

## 四、句型练习

### 目的复句（HSK 4 级考点）

原文：一次，赵高想测一测自己在文武百官中的威信，好为日后的篡位作准备。

格式：……，好……

其他例句：

＊他每天都运动半小时，好让身体更加强壮。

＊她每天都去医院照顾爷爷，好让爷爷快点康复。

请用"……，好……"造句：

### 假设复句（HSK 4 级考点）

原文：万一得罪了赵高，那可就完蛋了。

格式：万一……，（就）……

其他例句：

＊万一他知道了你不光彩的过去，那就糟糕了。

＊万一你听到更多消息，请记得告诉我。

请用"万一……，（就）……"造句：

条件复句（HSK 5 级考点）

原文：除非除掉赵高，否则必将重蹈胡亥的覆辙。

格式：除非……，否则……

其他例句：

*除非明天下雨，否则他一定会出远门。

*除非有更好的办法，否则这个问题没法解决。

请用"除非……，否则……"造句：



## 五、成语练习

本文成语："指鹿为马"

用"指鹿为马"完成以下对话：

*A. 新闻报道与事实明显不符。

　B. 对啊，＿＿＿＿＿＿＿＿＿＿＿＿＿＿＿。

*A. 老师一直教导我们要明辨是非。

　B. 是啊，＿＿＿＿＿＿＿＿＿＿＿＿＿＿＿。

*A. 这件事明明是张丹错了，为何领导说是王艳的责任？

　B. 领导＿＿＿＿＿＿＿＿＿＿＿＿＿＿＿。



## 六、阅读理解

1. 对于赵高指鹿为马，大臣们为何持不同的态度？

2. 赵高为什么杀死胡亥？

3. 子婴为什么杀死赵高？

## 皇帝的新衣

从前有一个皇帝，他最喜欢穿新衣服，却很少管理国家大事。

一天，来了两个骗子，他们自称能织出天底下最美丽的布。而用这种布做成的衣服更加奇特，穿上它，不但好看，还能鉴别出谁是不称职的官员，谁是愚蠢的人。因为不称职的官员和愚笨的人都看不见这种用特殊材料做成的衣服。

皇帝一听高兴极了，心想如果穿上这件衣服，他就能知道官员是否称职，国民是否聪明了。于是，皇帝给了两个骗子很多钱，让他们马上动手织布。两个骗子坐到纺织机前，装作在织布，其实什么也没有做。他们不断地讨要丝和金子，说是为了织布，其实都装进了自己的腰包。

皇帝派了个老大臣去看看布织得怎么样了，老大臣什么也没看见，但回来却说布织得漂亮极了。因为他怕皇帝说他是笨蛋，只好选择了撒谎。

过了一段时间，皇帝又派了另一个大官去看。他也没有看到布，但他怕皇帝说他不称职，便也谎称那布织得十分精美。

后来，皇帝亲自去看了布，他当然什么也没看见。但皇帝害怕别人说他愚蠢，不配当皇帝，只好假意地宣称："这布真是美极了！我特别满意。"跟着皇帝一同来的人也不敢戳穿谎言，他们随声附和道："是的，是的，这布很好看！"

接着，大官们又建议把这种新奇的布料做成衣服，让皇帝明天穿上后去参加大游行。于是，皇帝赐给两个骗子"御聘织师"的封号，命令他们连夜赶制新衣。

第二天早上，两个骗子装模作样地拿了新衣服来献给皇帝，说："这衣服又轻又软，穿在身上就像什么也没穿似的。"骗子把皇帝身上的衣服脱了个精光，然后穿上了看不见的新礼服。皇帝大踏步走出宫门，来到了大游行的现场。

大游行热闹极了，大家都赞叹道："瞧，皇帝的新衣多华丽、多亮眼啊！"可实际上大家什么也没看见，这么说，只是因为谁都不想被别人说成是笨蛋。

这时，一个小孩突然叫了起来，他说："皇帝身上没有穿衣服呀。"听见这句话，所有人都大笑起来。

皇帝也听到了这话，身子发起抖来，但他不愿承认自己没穿衣服。他照旧昂首挺胸，继续进行游行典礼，皇帝强装神气的样子一直保持到了典礼结束。

## 词 语

1. 骗子（五级）      piàn·zi      cheater; swindler

2. 自称（高等）      zìchēng      call oneself

3. 织（六级）      zhī      weave

4. 奇特（高等）      qítè      peculiar

5. 穿上（四级）      chuānshang      wear; dress

6. 鉴别（高等）      jiànbié      distinguish; identify

7. 愚蠢（高等）      yúchǔn      stupid; foolish

8. 特殊（四级）      tèshū      special

9. 材料（四级）      cáiliào      materials

10. 是否（四级）      shìfǒu      whether or not

11. 国民（五级）      guómín      people of a nation

12. 聪明（五级）      cōngmíng      clever; intelligent

13. 动手（五级）      dòngshǒu      start work

14. 纺织（高等）      fǎngzhī      spinning and weaving

15. 讨（高等）      tǎo      request

16. 丝（高等）      sī      silk

17. 笨蛋（高等）      bèndàn      fool

18. 撒谎（高等）      sāhuǎng      lie; tell a lie

19. 另（六级）      lìng      another

| | | |
|---|---|---|
| 20. 精美（六级） | jīngměi | exquisite |
| 21. 宣称（高等） | xuānchēng | assert |
| 22. 谎言（高等） | huǎngyán | lie; falsehood |
| 23. 新奇（高等） | xīnqí | novelty |
| 24. 游行（六级） | yóuxíng | parade |
| 25. 赐（高等） | cì | grant |
| 26. 连夜（高等） | liányè | all through the night |
| 27. 制（高等） | zhì | make; produce |
| 28. 献（五级） | xiàn | present; dedicate |
| 29. 软（五级） | ruǎn | soft |
| 30. 似的（四级） | shìde | be like.../as if |
| 31. 脱（四级） | tuō | take off |
| 32. 礼服（高等） | lǐfú | full dress |
| 33. 宫（六级） | gōng | imperial palace |
| 34. 热闹（四级） | rè·nao | lively |
| 35. 赞叹（高等） | zàntàn | highly praise |
| 36. 瞧（五级） | qiáo | look |
| 37. 华丽（高等） | huálì | gorgeous |
| 38. 身子（高等） | shēn·zi | body |
| 39. 愿（五级） | yuàn | willing |

| 40. 承认（四级） | chéngrèn | acknowledge |
| 41. 挺（四级） | tǐng | stick out |
| 42. 典礼（五级） | diǎnlǐ | ceremony |
| 43. 神气（高等） | shénqì | cocky |

讨 论 题

1. 为什么只有一个儿童敢指出皇帝什么也没有穿？

2. 赵高"指鹿为马"的意图与两个骗子为皇帝缝制"新衣"的意图是一样的吗？它们有什么区别？

## ·第6课· 夜郎自大

西汉①时期，在中国西南地区有一个名叫夜郎的国家。这个国家面积狭小，人口稀少，物产更是贫瘠。但与周边其他国家相比，夜郎国却是最大的。夜郎国国王从没离开过自己的国土，于是他一直认为夜郎国是全天下最大的国家。

有一天，夜郎国国王与部下去巡视国境。国王指着前方问道："这里哪个国家最大？"部下们为了讨国王开心，就说："当然是夜郎国最大。"走着走着，国王又抬起头来，望着前面的高山问道："这座山真高呀，天底下还有比它更高的山吗？"部下们回答说："天底下没有比这更高的山了，夜郎国的山是最高的。"后来，他们来到河边，国王看着河流，满意地点点头，感叹道："啊，这条河真长呀，在我看来它是天底下最长的河了。"部下们照例异口同声地附和："大王的判断一点没错。"部下们的回答令国王一次比一次舒心。从今以后，无知的国王就更加确信夜郎国是世界上最大的国家了。

有一次，汉朝派使者来到夜郎国，夜郎国国王问使者："你们汉朝的国土与我的国土相比哪个面积更大？"使者一听吓了一跳，他没想到这么小的一个国家竟然敢和汉朝相提并论。实际上，夜郎国的所有领土加起来也只有汉朝的一个县那么大。

夜郎国国君盲目自大的故事流传下来，后人便用"夜郎自大"形容人躲在自己狭窄的天地里闭关自守、妄自尊大，不了解外界真实情况的滑稽样态，从而告诫人们要保持谦虚的心态，不要再闹出类似夜郎国国君的笑话。

## 词 语

| | | |
|---|---|---|
| 1. 狭小（高等） | xiáxiǎo | narrow |
| 2. 稀少（高等） | xīshǎo | sparse |
| 3. 周边（高等） | zhōubiān | surrounding |
| 4. 却是（六级） | quèshì | nevertheless |
| 5. 从没（六级） | cóngméi | never |
| 6. 国土（高等） | guótǔ | national territory |
| 7. 前方（六级） | qiánfāng | in front |
| 8. 望（高等） | wàng | look ahead at |
| 9. 高山（高等） | gāoshān | high mountain |
| 10. 感叹（高等） | gǎntàn | sigh with emotion |
| 11. 照例（高等） | zhàolì | as usual |
| 12. 异口同声（高等） | yìkǒu-tóngshēng | all with one voice |
| 13. 没错（四级） | méicuò | yeah |
| 14. 从今以后（高等） | cóngjīnyǐhòu | from now on |
| 15. 无知（高等） | wúzhī | ignorant |
| 16. 确信（高等） | quèxìn | be sure of |
| 17. 使者（高等） | shǐzhě | envoy |
| 18. 吓（五级） | xià | frighten |
| 19. 没想到（四级） | méixiǎngdào | little does one think |

| 20. 相提并论（高等） | xiāngtíbìnglùn | be mentioned in the same breath |
| 21. 领土（高等） | lǐngtǔ | territory |
| 22. 县（四级） | xiàn | county; prefecture |
| 23. 盲目（高等） | mángmù | blind |
| 24. 躲（五级） | duǒ | hide |
| 25. 天地（高等） | tiāndì | world |
| 26. 了解（四级） | liǎojiě | know |
| 27. 外界（五级） | wàijiè | the outside world |
| 28. 滑稽（高等） | huájī | comical |
| 29. 告诫（高等） | gàojiè | warning |
| 30. 谦虚（六级） | qiānxū | modest |
| 31. 心态（五级） | xīntài | mentality |

## 专有名词

| 1. 夜郎国 | Yèláng Guó | Yelang Country |

注释

① 西汉（Xī Hàn, Western Han Dynasty）：中国朝代，公元前 206 年—25 年。

 练习

一、选词填空

告诫　照例　了解　躲　国土

1. 中国的（　　　）面积比美国大。

2. 小丹每天都会迟到，今天又（　　　）迟到了。

3. 老师总是（　　　）我们要努力学习。

4. 在和他成为室友之前，我并不（　　　）他。

5. 他不喜欢和别人打交道，总是（　　　）在自己的房间里。

二、用汉语解释以下词语

1. 异口同声：

2. 从今以后：

3. 无知：

4. 相提并论：

5. 谦虚：

三、用叹词"啊"造句（HSK 4 级考点）

原文：啊，这条河真长呀。

"啊"：叹词，表示带有感触的叹息

含"啊"的其他例句：

* 啊，她真漂亮！

* 啊，这里的风景真美。

请用"啊"造句：

## 四、句型练习

### 固定格式 1（HSK 4 级考点）

原文：部下们的回答令国王一次比一次舒心。

格式：一＋量词＋比＋一＋量词

其他例句：

＊天气一天比一天寒冷。

＊这些衣服一件比一件好看。

请用"一＋量词＋比＋一＋量词"造句：

### 固定格式 2（HSK 5 级考点）

原文：在我看来它是天底下最长的河了。

格式：在……看来

其他例句：

＊在我看来，这部电影很好看。

＊在老师看来，每一个同学都能学好中文。

请用"在……看来"造句：

### 承接复句（HSK 4 级考点）

原文：夜郎国国王从没离开过自己的国土，于是他一直认为夜郎国是全天下最大的国家。

格式：……，于是……

其他例句：

＊下雨了，于是她让爸爸打伞来接她回家。

＊他考试没有及格，于是被老师批评了。

请用"……，于是……"造句：

五、成语练习

**本文成语：** "夜郎自大"

理解、体会"夜郎自大"的含义，围绕"夜郎自大"，作 200 字左右短文。（要求文中必须出现"夜郎自大"四字）

六、阅读理解

1. 夜郎国国王为什么认为夜郎国是天底下最大的国家？
2. 汉朝使者听完夜郎国国王的询问，为什么吓了一跳？
3. 夜郎国的国土究竟比汉朝国土小了多少？

## 龟兔赛跑

小兔子是森林里的长跑冠军，他非常骄傲，把谁都不放在眼里。一天，小兔子躺在山坡上晒太阳，看见小乌龟慢慢地爬了过来。小兔子这时正感觉无聊，于是打算捉弄一下小乌龟。

小兔子对小乌龟说："你好啊，小乌龟，有兴趣和我赛跑吗？"小乌龟听后摇摇头。

小兔子轻蔑地一笑，得意地说："我就知道你不敢和我比赛，我是森林里的长跑冠军，而你一天也爬不了一里路。"小兔子的言语激怒了小乌龟，小乌龟生气地吼道："有什么不敢的！比就比！"

小兔子和小乌龟决定比赛，他们请来了大象做裁判，规定谁先跑到对面山坡上的大树下谁就获胜。发令枪一响，小兔子"嗖"地一下就冲了出去。一眨眼，他就跑出去很远了。小兔子回过头来，发现小乌龟才刚刚爬过起跑线。小兔子高兴极了，心想这场比赛根本就没有悬念。

很快地，小兔子跑完了大半路程。他再次回头观察，发现连小乌龟的影子也看不见了。小兔子寻思：小乌龟肯定追不上来了，我不如休息一会儿吧。于是，小兔子躺到一棵大树的树荫下，合上眼皮就睡着了。

小乌龟虽然爬得十分缓慢，但他始终没有松懈。他一个劲儿地向前爬，终于超过了正在睡觉的小兔子，离终点越来越近。

黄昏时分，小兔子从梦中醒来，看见小乌龟已经快到终点了。他赶忙撒开腿冲出去追，但为时已晚，小乌龟率先爬过终点，取得了这次比赛的胜利。

## 词语

| | | |
|---|---|---|
| 1. 森林（四级） | sēnlín | forest |
| 2. 长跑（六级） | chángpǎo | long-distance running |
| 3. 冠军（五级） | guànjūn | champion |
| 4. 骄傲（六级） | jiāo'ào | pride |
| 5. 眼里（四级） | yǎnli | within one's vision |
| 6. 躺（四级） | tǎng | recline; lie |
| 7. 山坡（六级） | shānpō | hillside |
| 8. 晒太阳（高等） | shàitàiyáng | bask |
| 9. 无聊（四级） | wúliáo | bored |

| | | |
|---|---|---|
| 10. 兴趣（四级） | xìngqù | interest |
| 11. 赛跑（高等） | sàipǎo | race |
| 12. 轻蔑（高等） | qīngmiè | disdain |
| 13. 得意（四级） | déyì | complacent |
| 14. 言语（五级） | yányǔ | diction |
| 15. 吼（高等） | hǒu | yell |
| 16. 大象（五级） | dàxiàng | elephant |
| 17. 裁判（五级） | cáipàn | referee |
| 18. 起跑线（高等） | qǐpǎoxiàn | starting line |
| 19. 悬念（高等） | xuánniàn | suspense |
| 20. 路程（高等） | lùchéng | journey |
| 21. 回头（五级） | huítóu | turn round |
| 22. 树荫（高等） | shùyīn | tree shade |
| 23. 睡着（四级） | shuìzháo | asleep |
| 24. 缓慢（高等） | huǎnmàn | slow |
| 25. 一个劲儿（高等） | yī·gejìnr | persistently |
| 26. 向前（五级） | xiàngqián | forward |
| 27. 终点（五级） | zhōngdiǎn | terminus |
| 28. 黄昏（高等） | huánghūn | nightfall |
| 29. 醒来（高等） | xǐnglai | wake up |

| | | |
|---|---|---|
| 30. 赶忙（六级） | gǎnmáng | hurry |
| 31. 撒（高等） | sā | unlash |
| 32. 率先（四级） | shuàixiān | take the lead in doing sth. |

讨论题

　　《夜郎自大》和《龟兔赛跑》的故事告诉我们骄傲自负的人会遭到什么下场？在生活中我们应当做一个怎样的人？

## ·第7课· 胸怀大志的陈蕃

东汉时期有一个叫作陈蕃的人，他从小志向远大，读书勤奋。在他十五岁那年，父亲的朋友薛勤到他家来拜访。父亲请他出来见客。可陈蕃忙于学习，父亲再三催促也不见他走出书屋。无奈之下，薛勤只好亲自来到陈蕃的院子看望。

薛勤走进陈蕃的院子，眼前的景象令他大吃一惊。陈蕃的院子非常杂乱，荒草丛生、秽物满地。再看他的屋子，地上堆满了书，甚至在屋子的门口还摆放了一只臭袜子。薛勤摇摇头，对陈蕃说："你学习很用功，可是这院子和这房间都这么脏了，你为什么不打扫一下呢？"陈蕃头也不抬地回答说："不是我不会打扫，而是我不愿打扫。大丈夫生在世上，应当怀有扫除天下的理想，这间小屋子打不打扫又有什么关系呢？"薛勤听后很佩服陈蕃年少有大志，但又觉得这个年轻人有眼高手低的毛病，因而教导他说："你的志向虽然很远大，但是任何事都是从眼前开始做起的。小的事情做好了，才有能力处理更大的事情。要知道，一屋不扫何以扫天下！"

听了薛勤这番话，陈蕃很有感触，他开始反思自己，感到过去的自己没有领悟"做事"的真谛。于是陈蕃决定，从今以后无论大事小事都要尽力将它做到最好。终于，陈蕃在不懈的努力下，晚年成为一代名臣，兑现了少年时"扫除天下"的许诺。

陈蕃"一屋不扫何以扫天下"的故事流传下来，后人便用此谚语劝诫世人：若要成大事，必须先从身边的小事做起。做好小事是做成大事的前提与基础。

## 词　语

| | | |
|---|---|---|
| 1. 勤奋（五级） | qínfèn | diligent |
| 2. 催促（高等） | cuīcù | urge |
| 3. 不见（六级） | bújiàn | not see |
| 4. 看望（四级） | kànwàng | look in |
| 5. 景象（五级） | jǐngxiàng | scene |
| 6. 大吃一惊（高等） | dàchī-yījīng | shocked |
| 7. 堆（五级） | duī | heap |
| 8. 摆放（高等） | bǎifàng | put |
| 9. 臭（五级） | chòu | smelly |
| 10. 袜子（四级） | wàzi | stockings |
| 11. 用功（高等） | yònggōng | studious |
| 12. 打扫（四级） | dǎsǎo | sweep |
| 13. 扫除（高等） | sǎochú | clean up |
| 14. 佩服（高等） | pèifú | admire |
| 15. 屋（五级） | wū | house |
| 16. 扫（四级） | sǎo | sweep |
| 17. 感触（高等） | gǎnchù | feeling |
| 18. 反思（高等） | fǎnsī | rethink |
| 19. 领悟（高等） | lǐngwù | comprehend |

| 20. 尽力（四级） | jìnlì | try one's best |
| 21. 不懈（高等） | búxiè | unremitting |
| 22. 晚年（高等） | wǎnnián | old age |
| 23. 一代（六级） | yīdài | generation |
| 24. 兑现（高等） | duìxiàn | fulfill |
| 25. 前提（五级） | qiántí | premise |

**专有名词**

| 1. 陈蕃 | Chén Fān | Chen Fan |
| 2. 薛勤 | Xuē Qín | Xue Qin |

**一、选词填空**

兑现　勤奋　打扫　看望　臭

1.（　　　）卫生　　　2.（　　　）爷爷　　　3.（　　　）承诺

4.（　　　）好学　　　5.（　　　）水沟

**二、用汉语解释以下词语**

1. 大吃一惊：

2. 佩服：

3. 感触：

4. 晚年：

5. 前提：


### 三、用副词"再三"造句（HSK 4 级考点）

原文：可陈蕃忙于学习，父亲再三催促也不见他走出书屋。

"再三"：频率副词，表示同一个行为反复发生

含"再三"的其他例句：

\*妈妈再三叮嘱我早点回家。

\*他再三解释迟到的缘由。

请用"再三"造句：


### 四、句型练习

#### 递进复句（HSK 4 级考点）

原文：再看他的屋子，地上堆满了书，甚至在屋子的门口还摆放了一只臭袜子。

格式：……，甚至……

其他例句：

\*他学习汉语特别不认真，甚至连课都不来上。

\*他伤得特别重，甚至有生命危险。

请用"……，甚至……"造句：

### 并列复句（HSK 4 级考点）

原文：不是我不会打扫，而是我不愿打扫。

格式：不是……，而是……

其他例句：

*他不是学习不认真，而是他的学习方法不对。

*不是她不够漂亮，而是她不是我喜欢的类型。

请用"不是……，而是……"造句：

### 省略宾语（HSK 5 级考点）

原文：无奈之下，薛勤只好亲自来到陈蕃的院子看望。

*此处"看望"后应＋宾语"陈蕃"，这句话省略了宾语

其他例句：

*今天是教师节，我们要去张老师家拜访。

（省略宾语"张老师"）

* A: 你认识王军先生吗？

　B：不，我不认识。

（省略宾语"王军"）

请仿照以上结构造句：

## 五、谚语练习

本文谚语："一屋不扫何以扫天下。"

用"一屋不扫何以扫天下"完成以下句子：

*凡事都要从小处做起，_____。

*我们不仅要志存高远、好好学习，还要养成勤做家务的习惯，不是_____？

*空有远大的抱负是不行的，我们不能忽略身边每一件小事，_____。

## 六、阅读理解

1. 陈蕃为什么不愿意主动出来见薛勤？

2. 陈蕃的院子和屋子呈现出一种怎样的景象？

3. 薛勤为什么规劝陈蕃？

## 达·芬奇画鸡蛋

　　达·芬奇是欧洲文艺复兴时期的天才画家。他出生于意大利的一个海滨小镇。很小的时候，达·芬奇就展露了绘画天赋，他画什么像什么，邻居特意送了他一个"绘画神童"的美称。达·芬奇的父亲为了继续培养他的绘画技能，便把他送到佛罗伦萨一个很有名的画家那里学习。

　　老师让达·芬奇画鸡蛋。刚开始时，达·芬奇觉得很有趣，画得也很认真。可是到了第二天，老师交给他的任务仍然是画鸡蛋。达·芬奇虽然不理解老师的用意，却也乖乖地照着做了。这样一连过了好几天，老师一直让达·芬奇画鸡蛋。达·芬奇终于不耐烦了，他向老师询问道："老师，你为什么总是让我画鸡蛋呢？鸡蛋都差不多是一个样子，画来画去有什么意思呢？"老师听了，严肃地对他说："画鸡蛋看起来简单，但一千个鸡蛋中，没有两个鸡蛋是完全相同的。即使是同一个鸡蛋，从不同的角度去看，也是不一样的。所以要想在画纸上准确地把鸡蛋表现出来，得下一番苦功夫才行。"

　　老师的教诲令达·芬奇颇受启发。因而达·芬奇不再抱怨。他按照老师的吩咐，每天坚持不懈地练习画鸡蛋。终于有一天，他所画出的鸡蛋各个特点不同，各个形象逼真，画鸡蛋这一关总算过了。后来，达·芬奇开始描画更有难度的事物，最终他创作出了许多精美的画作，成为了一位流芳百世的绘画大师。

达·芬奇曾在总结童年学画的经验时，告诉下一代绘画爱好者们说："你们如果想学得物体形态的知识，就必须从细节入手。第一阶段尚未记牢，尚未练习纯熟，就不要盲目进入第二阶段，否则就是虚耗光阴，徒然延长学习时间而已。一定要记住，绘画靠勤奋，不要贪图捷径。"

## 词 语

| 1. 天才（五级） | tiāncái | genius |
|---|---|---|
| 2. 海滨（高等） | hǎibīn | seaside |
| 3. 镇（六级） | zhèn | town |
| 4. 绘画（六级） | huìhuà | painting; drawing |
| 5. 天赋（高等） | tiānfù | talent |
| 6. 邻居（五级） | línjū | neighbor |
| 7. 培养（四级） | péiyǎng | train; develop |
| 8. 技能（五级） | jìnéng | skill |
| 9. 有趣（四级） | yǒuqù | interesting |
| 10. 用意（高等） | yòngyì | intention |
| 11. 一连（高等） | yīlián | in succession |
| 12. 不耐烦（五级） | bùnàifán | impatient |
| 13. 严肃（五级） | yánsù | serious |
| 14. 即使（五级） | jíshǐ | even if; even |
| 15. 得（四级） | děi | must |
| 16. 苦（四级） | kǔ | painstaking; bitter |

| | | |
|---|---|---|
| 17. 启发（五级） | qǐfā | enlighten |
| 18. 抱怨（五级） | bàoyuàn | complain |
| 19. 坚持不懈（高等） | jiānchíbúxiè | persistence |
| 20. 各个（四级） | gègè | each |
| 21. 逼真（高等） | bīzhēn | lifelike |
| 22. 关（四级） | guān | barrier |
| 23. 大师（六级） | dàshī | great master |
| 24. 童年（四级） | tóngnián | childhood |
| 25. 下一代（高等） | xiàyīdài | next generation |
| 26. 物体（高等） | wùtǐ | object |
| 27. 形态（五级） | xíngtài | form |
| 28. 细节（四级） | xìjié | detail |
| 29. 入手（高等） | rùshǒu | start with |
| 30. 阶段（四级） | jiēduàn | stage |
| 31. 尚未（高等） | shàngwèi | not yet |
| 32. 牢（六级） | láo | firm |
| 33. 虚（高等） | xū | in vain |
| 34. 耗（高等） | hào | consume |
| 35. 延长（四级） | yáncháng | extend |

## 专有名词

| | | |
|---|---|---|
| 1. 达·芬奇 | Dá·Fēnqí | Da Vinci |
| 2. 欧洲 | Ōuzhōu | Europe |
| 3. 文艺复兴 | wényìfùxīng | Renaissance |
| 4. 意大利 | Yìdàlì | Italy |
| 5. 佛罗伦萨 | Fóluólúnsà | Florence |

讨论题

请谈一谈你身边的从小事做起最后成就一番大事的人物事例。

# 三国·两晋·南北朝

## ·第8课· 乐不思蜀的刘禅

刘禅是三国豪杰刘备的儿子。刘备死后，刘禅继承了皇位，成为蜀国①的皇帝。刘禅为人昏庸、治国无能，好在一直有贤臣诸葛亮的辅佐，蜀国才得以保持较强盛的国力。诸葛亮去世后，蜀国渐渐衰落。公元263年，魏国②派兵攻打蜀国都城成都。刘禅自知不敌魏军，便干脆率领群臣投降，蜀国由此灭亡。

魏国皇帝让刘禅搬迁到魏国都城洛阳居住，并赏赐给了刘禅许多美女和财宝。刘禅对此十分满意，心安理得地在异国他乡过起了享乐的生活。一天，魏国大将军司马昭宴请刘禅，刘禅心想：反正闲着也是闲着，不如去吃点好吃的。因此，他很爽快地答应了邀请，立马带上部下赴宴。

在宴席上，不怀好意的司马昭想要羞辱刘禅，他故意安排蜀地的歌舞表演给刘禅一行观看。在座的蜀国旧臣看到故乡的歌舞，念及已经灭亡了的故国，不禁十分伤感，有的甚至于掉下了眼泪。司马昭向刘禅望去，发现刘禅不但没有伤感满怀，反而笑容满面，津津有味地观赏着歌舞表演。司马昭向刘禅问道："怎么样？在这里过得开心吗？想不想念蜀国呀？"刘禅高兴地回答："到目前为止，我在魏国过得很快乐，为什么要思念蜀国呢？"司马昭听后，觉得刘禅既滑稽又愚蠢，不禁在心里嘲笑道："蜀国竟然有这么一个糊涂的君王！有这样一个昏聩的皇帝，就算诸葛亮还在世上恐怕也挽救不了蜀国衰颓的国运吧！"

刘禅亡国后在魏国愉快地生活，以致于忘记故国的故事被史书记载下来，成语"乐不思蜀"便由此诞生。后人则用"乐不思蜀"比喻在新环境中得到乐趣，安于现状，留恋异地，从而不愿再回到原来环境中去的行为。

## 词 语

| | | |
|---|---|---|
| 1. 为人（高等） | wéirén | behave |
| 2. 治（四级） | zhì | administer |
| 3. 好在（高等） | hǎozài | fortunately |
| 4. 得以（五级） | déyǐ | so that |
| 5. 干脆（五级） | gāncuì | simply |
| 6. 搬迁（高等） | bānqiān | relocate; move |
| 7. 居住（四级） | jūzhù | dwell |
| 8. 美女（四级） | měinǚ | beautiful woman |
| 9. 心安理得（高等） | xīnānlǐdé | feel at ease |
| 10. 闲（五级） | xián | idle |
| 11. 爽快（高等） | shuǎngkuai | outright |
| 12. 赴（高等） | fù | attend; go to |
| 13. 好意（高等） | hǎoyì | kindness |
| 14. 歌舞（高等） | gēwǔ | song and dance |
| 15. 不禁（六级） | bùjīn | can't help（doing sth.） |
| 16. 伤感（高等） | shānggǎn | maudlin |
| 17. 甚至于（高等） | shènzhìyú | so much as |
| 18. 眼泪（四级） | yǎnlèi | tear |
| 19. 满怀（高等） | mǎnhuái | be imbued with |

| | | |
|---|---|---|
| 20. 反而（四级） | fǎnér | instead |
| 21. 津津有味（高等） | jīnjīnyǒuwèi | with relish |
| 22. 观赏（高等） | guānshǎng | view and admire |
| 23. 想念（四级） | xiǎngniàn | miss |
| 24. 为止（五级） | wéizhǐ | till |
| 25. 挽救（高等） | wǎnjiù | save |
| 26. 愉快（六级） | yúkuài | happy |
| 27. 诞生（六级） | dànshēng | be born |
| 28. 乐趣（四级） | lèqù | fun |
| 29. 安（四级） | ān | be satisfied |
| 30. 于（六级） | yú | to |
| 31. 现状（五级） | xiànzhuàng | current situation |
| 32. 留恋（高等） | liúliàn | be reluctant to leave |

**专有名词**

| | | |
|---|---|---|
| 1. 刘禅 | Liú Shàn | Liu Shan |
| 2. 成都 | Chéngdū | Cheng Du |
| 3. 洛阳 | Luòyáng | Luo Yang |
| 4. 司马昭 | Sīmǎ Zhāo | Sima Zhao |

① 蜀国（Shǔguó, Kingdom of Shu Han）：三国之一，公元 221 年—263 年，刘备所建。在今四川东部和云南、贵州北部以及陕西汉中一带。

② 魏国（Wèiguó, Kingdom of Wei）：三国之一，公元 220 年—265 年，占有黄河、淮河流域等地区。

**练习**

一、根据句子的意思写出相应的词语

1. 从一个地方搬到另一个地方居住，这叫作（　　　）。
2. 一个人没有事情做，我们通常会说他比较（　　　）。
3. 忍不住做某件事情，这样的状态叫（　　　）。
4. 小红哭了，她流下了伤心的（　　　）。
5. "思念"的近义词是（　　　）。

二、用汉语解释以下词语

1. 为人：
2. 好在：
3. 好意：
4. 津津有味：
5. 诞生：

三、用副词"干脆"造句（HSK 5 级考点）

原文：刘禅自知不敌魏军，便干脆率领群臣投降，蜀国由此灭亡。

"干脆"：副词，表示直截了当地做某事

含"干脆"的其他例句：

\*这个人品德很差，干脆不和他来往了。

\*我已经复习了三分之二的内容了，干脆今天全部复习完。

请用"干脆"造句：

## 四、句型练习

### 固定格式（HSK 5 级考点）

原文：到目前为止，我在魏国过得很快乐，为什么要思念蜀国呢？

格式：到……为止

其他例句：

\*到今天为止，小兰没有缺过一节汉语课。

\*到目前为止，工作进展得很顺利。

请用"到……为止"造句：

### 口语格式（HSK 5 级考点）

原文：刘禅心想：反正闲着也是闲着，不如去吃点好吃的。

格式：× 着也是 × 着

其他例句：

\*妈妈还有好一会儿才能出门，反正等着也是等着，我不如先看会儿电视吧。

\*我们搬家了，原来的房子空着也是空着，不如租给别人吧。

\*我们明天去公园逛逛，反正闲着也是闲着。

请用"× 着也是 × 着"造句：

## 递进复句（HSK 6 级考点）

原文：司马昭向刘禅望去，发现刘禅不但没有伤感满怀，反而笑容满面，津津有味地观赏着歌舞表演。

格式：不但不 / 不但没有……，反而……

其他例句：

*他不但不承认错误，反而还怪别人污蔑他。

*面对困难，他不但不退缩，反而迎上努力克服。

*他在这次考试中得了第一名，不但没有骄傲自满，反而更加用功学习。

请用"不但不 / 不但没有……，反而……"造句：

## 五、成语练习

本文成语："乐不思蜀"

用"乐不思蜀"完成以下句子：

*你到了外国，＿＿＿＿＿＿＿，再也不愿回来了。

*到了那个地方，就像到了人间仙境，人们尽情玩乐，流连忘返，＿＿＿＿＿＿＿。

*眼前景色如此优美，＿＿＿＿＿＿＿，不想回去了。

*想不到他一去大城市，＿＿＿＿＿＿＿，怎么也不肯回来了。

## 六、阅读理解

1. 刘禅为什么要率领蜀国群臣投降？

2. 刘禅为什么答应赴司马昭的宴请？

3. 司马昭为什么觉得刘禅昏庸、滑稽？

## 偏安杭州

公元 1127 年，金朝①南下攻取北宋②首都开封，并掳走了宋朝两位皇帝：宋徽宗和宋钦宗，从此，北宋灭亡。常言道：国不可一日无君。在万分危急的情形下，北宋权贵拥护宋徽宗的另一个儿子、宋钦宗的弟弟赵构继承皇位，史称宋高宗。几经周折后，宋高宗建立南宋③王朝，将都城定在杭州。

起初，宋高宗还有与金朝一决胜负的雄心壮志。他起用了岳飞等骁勇善战的将领抗击金国，希望能够收复失地。但不久之后，宋高宗听信奸臣谗言，政治策略转变为"求和"。在决定与金朝"议和"之后，宋高宗索性放弃了收复北方失地的计划，由此，偏安一隅便成了南宋小朝廷的唯一结局。在皇帝的影响下，南宋的贵族们也逐渐忘记北宋的亡国之痛，过起了歌舞升平的享乐生活。

当时有一个叫林升的诗人，他不满人们对亡国之耻的遗忘，遂写下了这样一首诗：

题临安④邸⑤

山外青山楼外楼，西湖歌舞几时休。

暖风熏得游人醉，直把杭州作汴州⑥。

将这首诗翻译为现代文便是：远处青山绵延不绝，近处楼台重重叠叠，看不尽的西湖好风光啊！西湖的游船上有唱歌的，有跳舞的，不知到了什么时候这些唱歌跳舞的才会停歇？暖洋洋的风阵阵吹来，人们的玩乐更加惬意。人们陶醉在怡人的美景与精彩的歌舞中，忘记了亡国的伤痛，简直把眼下偏安的杭州当作了昔日的都城汴州啊！

宋高宗不报亡国之仇，甘心偏安一隅，因而成为了中国历史上著名的窝囊皇帝。

---

**词 语**

| | | |
|---|---|---|
| 1.危急（高等） | wēijí | critical; desperate |
| 2.情形（五级） | qíngxing | situation |

| 3. 拥护（高等） | yōnghù | support; uphold |
| 4. 定（四级） | dìng | fix; set |
| 5. 起初（高等） | qǐchū | at first |
| 6. 收复（高等） | shōufù | regain |
| 7. 议（高等） | yì | discuss |
| 8. 索性（高等） | suǒxìng | simply; just |
| 9. 放弃（五级） | fàngqì | give up |
| 10. 唯一（五级） | wéiyī | sole |
| 11. 结局（高等） | jiéjú | ending |
| 12. 贵族（高等） | guìzú | nobility |
| 13. 诗人（四级） | shīrén | poet |
| 14. 遗忘（高等） | yíwàng | forget |
| 15. 诗（四级） | shī | poem |
| 16. 翻译（四级） | fānyì | translate |
| 17. 文（高等） | wén | article |
| 18. 远处（五级） | yuǎnchù | distance |
| 19. 风光（五级） | fēngguāng | scenery |
| 20. 游船（高等） | yóuchuán | pleasure boat |
| 21. 暖（五级） | nuǎn | warm |
| 22. 陶醉（高等） | táozuì | revel |

| 23. 美景（高等） | měijǐng | beautiful scenery |
| --- | --- | --- |
| 24. 眼下（高等） | yǎnxià | now |
| 25. 当作（六级） | dàngzuò | treat as |
| 26. 昔日（高等） | xīrì | past |
| 27. 仇（高等） | chóu | hatred |
| 28. 甘心（高等） | gānxīn | willingly |
| 29. 历史（四级） | lìshǐ | history |
| 30. 著名（四级） | zhùmíng | famous |

### 专有名词

| 1. 杭州 | Hángzhōu | Hang Zhou |
| --- | --- | --- |
| 2. 开封 | Kāifēng | Kai Feng |
| 3. 赵构 | Zhào Gòu | Zhao Gou |
| 4. 岳飞 | Yuè Fēi | Yue Fei |
| 5. 林升 | Lín Shēng | Lin Sheng |
| 6. 西湖 | Xī Hú | West Lake |

注 释

①金朝（Jīncháo，Jin Dynasty）：中国朝代，公元 1115 年—1234 年，女真族完颜阿骨打所建，领地位于中国北部。

②北宋（Běi Sòng, Northern Song Dynasty）：中国朝代，公元 960 年—1127 年，赵匡胤所建。

③南宋（Nán Sòng, Southern Song Dynasty）：中国朝代，公元 1127 年—1279 年，赵构所建。

④临安（Lín'ān, Lin'an）：杭州的旧称。

⑤邸（dǐ）：旅店。

⑥汴州（Biànzhōu, Bian Zhou）：河南开封的别称。

谈一谈刘禅"乐不思蜀"与宋高宗"偏安一隅"的异同。

## ·第9课· 左思与《三都赋》

西晋①时期，有一个叫左思的人，他从小相貌丑陋、身材矮小，说话也结结巴巴。左思的父亲对儿子比较失望，他曾对友人抱怨道："跟我小时候相比，左思简直太差劲了。"这话传到左思的耳朵里，他感到非常伤心。于是，左思偷偷下定决心，一定要发奋读书，将来扬眉吐气，成为一个大文豪。

左思二十岁那年，妹妹被选入皇宫当妃子，左思全家也就跟着搬迁到了都城洛阳。不久之后，左思决定创作一篇描写魏、蜀、吴三国都城的《三都赋》。为了写好《三都赋》，左思常常去拜会洛阳城里的大文豪，从他们那里讨教到了不少钻研学问、写作文章的方法。与此同时，左思还在皇家图书馆担任馆员，他又利用工作之便搜集了许多历史资料。那一时期，左思在家里的各个房间甚至庭院、走廊、厕所里都摆放了纸和笔，为的是一有灵感便能迅速地记录下来，不错过任何一个好词金句。就这样，在左思坚持不懈的努力下，十年后，《三都赋》完成了。

左思写完《三都赋》时还是一个无名小辈，他心想：自己这么没有名气，就算这篇《三都赋》写得再好也难以得到世人的垂青。这时，他的朋友给他出了一个主意，让他去请京城很有声望的大学者皇甫谧来为《三都赋》作序。左思采纳了这一提议，亲自登门拜访皇甫谧。皇甫谧读完《三都赋》，觉得果真是篇杰作，不禁啧啧称赞，慨然应允作序。

洛阳城的贵族听闻皇甫谧为《三都赋》作序，不由地对此文产生了好奇。他们纷纷购买阅读，皆被左思优秀的文采折服。在洛阳贵族的交口称赞中，《三都赋》的名气越来越大，阅读《三都赋》的人也越来越多。人们争相传抄，一时之间，就连抄写《三都赋》的纸都不够用了，由此，洛阳城纸价飞涨。左思终于凭借《三都赋》一举成名，实现了少年时的理想，成为一代文豪。

《三都赋》由于大受欢迎而导致洛阳纸价上涨，后人便用成语"洛阳纸贵"来形容某些著作脍炙人口、广为流传。

## 词 语

| | | |
|---|---|---|
| 1. 丑陋（高等） | chǒulòu | ugly |
| 2. 身材（四级） | shēncái | figure; stature |
| 3. 矮小（四级） | ǎixiǎo | short and small |
| 4. 友人（高等） | yǒurén | friend |
| 5. 入（六级） | rù | enter |
| 6. 皇宫（高等） | huánggōng | imperial palace |
| 7. 描写（四级） | miáoxiě | describe; portray |
| 8. 拜会（高等） | bàihuì | call on |
| 9. 城里（五级） | chénglǐ | in town |
| 10. 钻研（高等） | zuānyán | dig into |
| 11. 学问（四级） | xuéwen | knowledge; learning |
| 12. 与此同时（高等） | yǔcǐtóngshí | meanwhile |
| 13. 搜集（高等） | sōují | collect; gather |
| 14. 资料（四级） | zīliào | data; material |
| 15. 走廊（高等） | zǒuláng | corridor |
| 16. 厕所（六级） | cèsuǒ | lavatory; toilet |
| 17. 灵感（高等） | línggǎn | inspiration |
| 18. 迅速（四级） | xùnsù | rapid; prompt |
| 19. 错过（六级） | cuòguò | miss; let slip |

| 20. 辈（五级） | bèi | rank or position in a（family or clan）generational hierarchy |
|---|---|---|
| 21. 名气（高等） | míngqi | fame; reputation |
| 22. 声望（高等） | shēngwàng | reputation; prestige |
| 23. 学者（五级） | xuézhě | scholar |
| 24. 序（高等） | xù | preface; foreword |
| 25. 提议（高等） | tíyì | proposal |
| 26. 果真（高等） | guǒzhēn | really |
| 27. 称赞（四级） | chēngzàn | praise; compliment |
| 28. 此（四级） | cǐ | this |
| 29. 购买（四级） | gòumǎi | buy |
| 30. 阅读（四级） | yuèdú | read |
| 31. 优秀（四级） | yōuxiù | excellent; splendid |
| 32. 抄写（四级） | chāoxiě | copy; transcribe |
| 33. 价（五级） | jià | price |
| 34. 涨（五级） | zhǎng | rise; go up |
| 35. 导致（四级） | dǎozhì | lead to |
| 36. 上涨（五级） | shàngzhǎng | rise; go up |
| 37. 著作（四级） | zhùzuò | work; writing |
| 38. 广（五级） | guǎng | wide |

**专有名词**

| | | |
|---|---|---|
| 1. 左思 | Zuǒ Sī | Zuo Si |
| 2. 皇甫谧 | Huángfǔ Mì | Huangfu Mi |

注 释

①西晋（Xī Jìn, the Western Jin Dynasty）：中国朝代，公元265年—317年，司马炎所建，都城洛阳。

练 习

一、根据句子的意思写出相应的词语

1. "朋友"的近义词是（　　　）。

2. 皇帝住的地方叫作（　　　）。

3. 连接房间和庭院的通道叫作（　　　）。

4. "建议"的近义词是（　　　）。

5. 正式出版的书籍又称（　　　）。

二、写出下列词语的反义词

1. 丑陋——（　　　）

2. 矮小——（　　　）

3. 入——（　　　）

4. 城里——（　　　）

5. 迅速——（　　　）

### 三、用副词"偷偷"造句（HSK 5 级考点）

原文：左思偷偷下定决心，一定要发奋读书，将来扬眉吐气，成为一个大文豪。

"偷偷"：方式副词，表示行动不使人觉察

含"偷偷"的其他例句：

\* 不知什么时候他偷偷地溜进来了。

\* 我偷偷地把礼物放在了他的桌子上。

请用"偷偷"造句：

### 四、句型练习

**比较句**（HSK 5 级考点）

原文：跟我小时候相比，左思简直太差劲了。

格式：跟……相比

其他例句：

\* 跟他相比，我就太缺钱了。

\* 跟其他同学相比，露丝的汉语水平算好的。

请用"跟……相比"造句：

**目的复句**（HSK 5 级考点）

原文：那一时期，左思在家里的各个房间甚至庭院、走廊、厕所里都摆放了纸和笔，为的是一有灵感便能迅速地记录下来，不错过任何一个好词金句。

格式：……，为的是……

其他例句：

\* 他看了看天气预报，为的是安排明天穿什么衣服。

＊我给她打了一个电话，为的是提醒她起床。

请用"……，为的是……"造句：

## 让步复句（HSK 6 级考点）

原文：就算这篇《三都赋》写得很好也难以得到世人的垂青。

格式：就算……也……

其他例句：

＊就算失败很多次也不能放弃。

＊就算他不听话你也不能打他。

＊就算结果不如人意也要勇敢面对。

请用"就算……也……"造句：

## 五、成语练习

本文成语："洛阳纸贵"

请围绕"洛阳纸贵"的故事，写一段 200 字左右的感想。

## 六、阅读理解

1. 左思的父亲为什么曾对左思感到失望？

2. 为了完成《三都赋》，左思付出了哪些努力？

3. 左思为什么要请皇甫谧为《三都赋》作序？

## 令人惋惜的方仲永

北宋时期，有一个孩童叫方仲永，他们家世世代代都是农民，从来没有出过一个读书人。仲永五岁那年，有一天，他突然哭着向父亲索要笔墨纸砚，说是想要写诗。他的父亲感到很诧异，但仍然去向邻居借了文房四宝，拿给仲永作诗。

很快地，仲永提起毛笔就写了四句诗，还给诗起了一个恰当的题目。同乡的几个读书人听说了此事，都好奇地跑到仲永家来一探究竟，他们读完仲永的诗作，一致认为写得不错。就这样，仲永的才名传开了。

从此以后，隔三差五就会有客人来到方家。客人当场出题让仲永作诗，仲永不负所望，很快便能出口成章。仲永的诗作不仅文采绚丽、格调雅致，内容也有一定的深度，来访的人都夸赞他是一名神童。

不久，方仲永的故事传到县里，引起了县里文化名流的注意。文化名流欣赏人才，时常出资请方仲永来写诗。仲永的父亲见此事有利可图，便不再令儿子上学，而是带他四处拜访文化名流、表演作诗，仲永的学业便这样荒废掉了。

诗作得多了，加之后期没有丰厚的知识积累，仲永的才思日渐枯竭。到了十二三岁时，方仲永的诗作较之前逊色了不少，前来与他谈论诗歌的人都感到有些失望。到了二十岁时，他的才华已完全消失，其诗作已与普通人没什么两样。至此人们提起方仲永，都无不惋惜地摇着头，遗憾一个天资聪颖的孩童最终沦为一个平庸的人。

### 词 语

| | | |
|---|---|---|
| 1. 墨（高等） | mò | ink |
| 2. 诧异（高等） | chàyì | surprise |
| 3. 毛笔（五级） | máobǐ | Chinese brush |
| 4. 恰当（六级） | qiàdàng | appropriate |
| 5. 此事（六级） | cǐshì | the matter |

| 6. 探（高等） | tàn | find |
|---|---|---|
| 7. 一致（四级） | yīzhì | unanimous |
| 8. 才（四级） | cái | ability; talent |
| 9. 当场（五级） | dāngchǎng | on the spot |
| 10. 出口成章（高等） | chūkǒu-chéngzhāng | have an outstanding eloquence |
| 11. 深度（五级） | shēndù | depth |
| 12. 来访（高等） | láifǎng | come to visit |
| 13. 引起（四级） | yǐnqǐ | cause; lead to |
| 14. 欣赏（五级） | xīnshǎng | appreciate |
| 15. 时常（五级） | shícháng | frequently |
| 16. 出资（高等） | chūzī | funding |
| 17. 四处（六级） | sìchù | all around |
| 18. 学业（高等） | xuéyè | studies |
| 19. 后期（高等） | hòuqī | later stage |
| 20. 丰厚（高等） | fēnghòu | thick; rich |
| 21. 积累（四级） | jīlěi | accumulate |
| 22. 逊色（高等） | xùnsè | be inferior |
| 23. 诗歌（五级） | shīgē | poetry |
| 24. 其（五级） | qí | his; her; theirs |
| 25. 普通人（高等） | pǔtōngrén | ordinary people |
| 26. 至此（高等） | zhìcǐ | by now |

| 27. 提起（五级） | tíqǐ | mention |
|---|---|---|
| 28. 无不（高等） | wúbù | all without exception |
| 29. 惋惜（高等） | wǎnxī | bemoan |
| 30. 摇（四级） | yáo | shake |
| 31. 遗憾（六级） | yíhàn | regret; pity |

专有名词

| 1. 方仲永 | Fāng Zhòngyǒng | Fang Zhongyong |
|---|---|---|

讨论题

对比阅读左思与方仲永的故事，谈一谈你从中领悟到了什么道理。

## ·第10课· 东山再起的谢安

　　谢安是东晋①时期的名人，他不仅家世显赫，自己也非常有才华。友人们觉得谢安才能出众，不在朝为官实在可惜，便极力举荐他做官。在大家的强烈推荐下，谢安勉强出任了几个小官。尽管做官能施展才华，但是生性爱自由的谢安并不习惯这样的生活。因此，每次上任没过多久，谢安便会找到一个借口，辞官回家。

　　谢安辞官后隐居在会稽②的东山，他与当时的名士王羲之③、孙绰④等人来往密切，他们一同游山玩水、写诗作文，日子过得悠闲无比。

　　这时，谢安的弟弟谢万做了大官，很受朝廷的重用。谢安的妻子见谢万家门富贵，而谢安却安于平淡的生活，便对丈夫抱怨道："你应该去做官，大丈夫不求功名，不求富贵，还求什么呢？"谢安答道："为了功名利禄而去做官，这有违我的本性。"

　　不久，谢安的家族发生了变故。哥哥谢奕去世，弟弟谢万征讨敌国失败，被废为庶人⑤。为了挽回谢家日趋衰微的地位和声望，谢安始萌发出仕宦之意。恰好此时驸马⑥桓温邀请他出山做官，谢安便顺理成章地答应了。

　　在谢安赴任的那一天，许多人都来给他送行。其中一人开玩笑地说："你过去不愿做官，即使朝廷屡次征召，你也坚决推辞。现在到底想通了，愿意施展抱负了。"谢安笑了笑没有说话。

　　为官后的谢安果然展现出了非凡的政治才能。他性情温和、处事公允，得到百姓的一致好评，后来他更是官至宰相，名重一时。谢安做官的故事流传下来，诞生了成语"东山再起"。"东山再起"本来的意思是指谢安辞官后再度出来做官，后用来比喻某人失势之后又重新得势。在现代汉语中，我们通常使用"东山再起"的引申义。

## 词 语

| | | | |
|---|---|---|---|
| 1. 名人（四级） | míngrén | celebrity |
| 2. 显赫（高等） | xiǎnhè | illustrious |
| 3. 出众（高等） | chūzhòng | exceptional |
| 4. 可惜（五级） | kěxī | unfortunately |
| 5. 极力（高等） | jílì | utmost |
| 6. 推荐（高等） | tuījiàn | recommend |
| 7. 勉强（高等） | miǎnqiǎng | reluctant |
| 8. 出任（高等） | chūrèn | take up（an official post） |
| 9. 尽管（五级） | jǐnguǎn | although |
| 10. 借口（高等） | jièkǒu | excuse |
| 11. 辞（高等） | cí | resign |
| 12. 来往（六级） | láiwǎng | contact |
| 13. 密切（四级） | mìqiè | close; intimate |
| 14. 作（六级） | zuò | write |
| 15. 悠闲（高等） | yōuxián | leisure; carefree |
| 16. 无比（高等） | wúbǐ | incomparable |
| 17. 平淡（高等） | píngdàn | flat; insipid |
| 18. 丈夫（四级） | zhàngfu | husband |
| 19. 答（五级） | dá | answer |

| 20. 本性（高等） | běnxìng | nature |
| 21. 家族（高等） | jiāzú | clan; family |
| 22. 挽回（高等） | wǎnhuí | save; retrieve |
| 23. 日趋（高等） | rìqū | gradually |
| 24. 地位（四级） | dìwèi | status |
| 25. 萌发（高等） | méngfā | germinate |
| 26. 恰好（六级） | qiàhǎo | just right |
| 27. 此时（五级） | cǐshí | this moment |
| 28. 送行（六级） | sòngxíng | see off |
| 29. 屡次（高等） | lǚcì | repeatedly |
| 30. 推辞（高等） | tuīcí | refuse |
| 31. 抱负（高等） | bàofù | ambition |
| 32. 展现（五级） | zhǎnxiàn | show |
| 33. 非凡（高等） | fēifán | extraordinary |
| 34. 性情（高等） | xìngqíng | temperament |
| 35. 温和（五级） | wēnhé | mild; gentle |
| 36. 好评（高等） | hǎopíng | high praise |
| 37. 用来（五级） | yònglái | be used for |

## 专有名词

| | | |
|---|---|---|
| 1. 谢安 | Xiè Ān | Xie An |
| 2. 谢万 | Xiè Wàn | Xie Wan |
| 3. 谢奕 | Xiè Yì | Xie Yi |
| 4. 桓温 | Huán Wēn | Huan Wen |

## 注 释

①东晋（Dōng Jìn, the Eastern Jin Dynasty）：中国朝代，公元317年—420年，司马睿所建，都城南京。

②会稽（Kuàijī, Kuai Ji）：中国古代行政区划，在今浙江省绍兴市、宁波市一带。

③王羲之（Wáng Xīzhī, Wang Xizhi）：东晋书法家，尤其擅长行书。

④孙绰（Sūn Chuò, Sun Chuo）：东晋诗人。

⑤庶人（shùrén, commoner）：古时指没有官爵的平民。

⑥驸马（fùmǎ, emperor's son-in-law）：古时对皇帝的女婿的称谓。

## 练 习

一、根据句子的意思写出相应的词语

1. 一个人在一群人中显得特别出色，我们说这个人很（　　　）。

2. 十分不情愿，这叫作（　　　）。

3. 两个人关系非常好，我们说这两个人关系（　　　）。

4. 江山易改，（　　　）难移。

5. 对某人或某事评价很高，这称为（　　　）。

## 二、用汉语解释以下词语

1. 借口：

2. 辞：

3. 日趋：

4. 送行：

5. 非凡：

## 三、用副词"一同"造句（HSK 6 级考点）

原文：他们一同游山玩水、写诗作文，日子过得悠闲无比。

"一同"：协同副词，表示同时同地做某件事

含"一同"的其他例句：

＊我和爸爸妈妈、爷爷奶奶一同过新年。

＊我们每天一同回宿舍。

请用"一同"造句：

## 四、句型练习

### 转折复句（HSK 5 级考点）

原文：尽管做官能施展才华，但是生性爱自由的谢安并不习惯这样的生活。

格式：尽管……，但是……

其他例句：

＊尽管她复习得非常认真，但是仍旧没有考到理想的分数。

＊尽管他生病了，但是他还是要去上学。

请用"尽管……，但是……"造句：

让步复句（HSK 5 级考点）

原文：即使朝廷屡次征召，你也坚决推辞。

格式：即使……，也……

其他例句：

＊她即使生病了，也坚持去上课。

＊即使明天下雨，我们也要出去玩。

请用"即使……，也……"造句：

固定格式（HSK 6 级考点）

原文：为了功名利禄而去做官，这有违我的本性。

格式：为了……而……

其他例句：

＊他为了写论文而去图书馆查资料。

＊你不要为了这么一件小事而难过。

＊我为了实现梦想而奋斗。

请用"为了……而……"造句：

五、成语练习

本文成语："东山再起"

用"东山再起"完成以下句子：

＊我如今虽然失败了，但_____。

＊大丈夫能屈能伸，只要不放弃，就_____。

＊如果这次没有成功，也不要抱怨，总会有_____。

＊他是一个乐观坚强的人，虽现阶段处于困境，但迟早会_____。

六、阅读理解

1. 起初，谢安为什么不愿做官？
2. 谢安的妻子为什么抱怨谢安？
3. 谢安再度为官的原因是什么？

## 几起几落的范仲淹

范仲淹是北宋时期的名臣，他自幼丧父，不得已跟随母亲改嫁。然而继父家里并不宽裕，无法供他上学，无奈之下，他只好寄住到亲戚家读书。

范仲淹深深知道，得到读书的机会是一件不容易的事。因此，他格外发愤图强。冬天的夜晚，屋子里没有生火，呼呼的西北风从门缝里直钻进来，把人的手脚都冻麻了。就是在这样恶劣的环境里，范仲淹仍不退缩，坚持挑灯夜读。

常言道："只要功夫深，铁杵磨成针。"26岁那年，范仲淹考取进士①，从此官运亨通，颇受朝廷器重。范仲淹为人正直、清廉，常对一些非正义之事心怀不满。他见当朝宰相吕夷简把持朝政、培植党羽，便在皇帝面前尖锐地批判了吕夷简的用人制度，由此遭到了吕氏一党的忌恨与排斥。在吕夷简等人的打压下，范仲淹第一次被贬出京城。朝中其他官吏纷纷为他打抱不平。

不久，原本臣服于宋的西北地区党项②部族正式建立西夏③王朝，与宋廷的关系彻底破裂。西夏屡屡派兵来犯，宋廷急需优秀的边防大臣挺身而出、力挽狂澜。这时，在朝中获得多人支持的范仲淹便被推举了出来。范仲淹临危受命，果然不负众望，他发挥了出色的军事能力，在与西夏的战斗中多次获胜，迫使西夏与宋王朝签订了和平协议。

范仲淹功勋卓著，皇帝提拔他，命其重掌朝政大权。重新掌权的范仲淹在宋王朝内部实施了一系列改革措施。改革虽得到皇帝的支持，却触犯了部分权臣的利益，被损害利益的权臣遂不遗余力地污蔑范仲淹。为了平息新旧两股势力的冲突，皇帝不得不再次将范仲淹调离京城。

范仲淹虽再度被贬离京，可心里却没有太多怨言。离开京城两年后，应好友的邀请，他为重修的岳阳楼④作了一篇散文，写下了"先天下之忧而忧，后天下之乐而乐"的千古名句。此句的意思为：在天下人忧愁之前先忧愁，在天下人快乐之后才快乐，意指做官的人应把国家，民族的利益摆在首位，为祖国的前途、命运分担忧愁，为天底下的人民过上幸福的生活而努力。后人每读到此句，无一不被范仲淹宽广的胸怀与强烈的责任感所折服。

## 词 语

| | | |
|---|---|---|
| 1. 跟随（五级） | gēnsuí | follow |
| 2. 继父（高等） | jìfù | stepfather |
| 3. 供（高等） | gōng | supply |
| 4. 亲戚（高等） | qīnqi | relative |
| 5. 深深（六级） | shēnshēn | deeply |
| 6. 格外（四级） | géwài | especially |
| 7. 发愤图强（高等） | fāfèn-túqiáng | rise in great vigor |
| 8. 夜晚（高等） | yèwǎn | night |
| 9. 缝（高等） | fèng | crack; chink |
| 10. 钻（六级） | zuān | get into |
| 11. 冻（五级） | dòng | freeze |
| 12. 麻（高等） | má | numb |
| 13. 恶劣（高等） | èliè | bad; odious |
| 14. 退缩（高等） | tuìsuō | flinch; cower |

| 15. 磨（六级） | mó | grind |
| 16. 针（四级） | zhēn | needle |
| 17. 非（四级） | fēi | not |
| 18. 正义（五级） | zhèngyì | justice |
| 19. 尖锐（高等） | jiānruì | pointed |
| 20. 批判（高等） | pīpàn | criticize |
| 21. 用人（高等） | yòngrén | choose and use personnel |
| 22. 遭到（六级） | zāodào | suffer |
| 23. 党（六级） | dǎng | party |
| 24. 排斥（高等） | páichì | reject; exclude |
| 25. 官吏（高等） | guānlì | official |
| 26. 彻底（四级） | chèdǐ | thorough |
| 27. 破裂（高等） | pòliè | break |
| 28. 急需（高等） | jíxū | urgently need |
| 29. 获得（四级） | huòdé | gain |
| 30. 发挥（四级） | fāhuī | exert |
| 31. 出色（四级） | chūsè | outstanding |
| 32. 战斗（四级） | zhàndòu | combat |
| 33. 多次（四级） | duōcì | many times |
| 34. 迫使（高等） | pòshǐ | compel |

| | | |
|---|---|---|
| 35. 签订（五级） | qiāndìng | sign |
| 36. 协议（五级） | xiéyì | agreement |
| 37. 提拔（高等） | tíbá | promote |
| 38. 命（高等） | mìng | command; order |
| 39. 权（六级） | quán | power |
| 40. 内部（四级） | nèibù | interior |
| 41. 实施（四级） | shíshī | carry out |
| 42. 一系列（高等） | yīxìliè | a series of |
| 43. 改革（五级） | gǎigé | reform |
| 44. 措施（四级） | cuòshī | measure |
| 45. 虽（六级） | suī | although |
| 46. 却（四级） | què | but; yet |
| 47. 触犯（高等） | chùfàn | violate |
| 48. 利益（四级） | lìyì | benefit; interest |
| 49. 损害（五级） | sǔnhài | harm |
| 50. 冲突（五级） | chōngtū | conflict |
| 51. 应（五级） | yìng | accept |
| 52. 好友（四级） | hǎoyǒu | friend |
| 53. 散文（五级） | sǎnwén | prose |
| 54. 忧愁（高等） | yōuchóu | worried |

| 55. 应（四级） | yīng | should |
| 56. 摆（四级） | bǎi | place |
| 57. 祖国（六级） | zǔguó | motherland |
| 58. 前途（四级） | qiántú | future |
| 59. 分担（高等） | fēndān | share |
| 60. 宽广（四级） | kuānguǎng | broad |
| 61. 感（高等） | gǎn | a sense of... |

**专有名词**

| 1. 范仲淹 | Fàn Zhòngyān | Fan Zhongyan |
| 2. 吕夷简 | Lǚ Yíjiǎn | Lv Yijian |

**注释**

①进士（jìnshì, advanced scholar）：科举时代称会试考取后经过殿试的人。

②党项（Dǎngxiàng, Tanguts）：中国古代少数民族，羌族的一支。

③西夏（Xī Xià, Western Xia）：公元 1038 年党项族建立的政权，辖地在今宁夏、陕西北部、甘肃西北部、青海东北部和内蒙古西部。

④岳阳楼（Yuèyáng Lóu, Yueyang Tower）：中国古代名建筑，许多文人骚客前去吟诗作赋。位于今湖南省岳阳市。

讨论题

　　对比阅读本无心做官却东山再起的谢安的故事与一心为民却终未东山再起的范仲淹的故事，谈一谈你的感受。

## ·第11课· 元景皓拒绝改姓

公元 550 年，中国处于南北分裂时期，北朝①东魏②的一个皇帝受形势所逼，不得已将皇位让给了专横跋扈的丞相高洋。从此，北齐③代替了东魏。高洋心狠手辣，为断绝后患，他在继位的第二年又残忍地将老皇帝和他的三个儿子毒杀了。

高洋做皇帝的第十年，六月的一天，天空中出现了日食。高洋认为这是不吉利的预兆，他担心自己篡夺来的皇位保不住。忧虑恐惧之下，他召来了一个亲信，问道："我的帝位是取代元氏所得，有什么方法可以保住我的皇位，使它不受动摇呢？"这一问题将亲信难住了，他一时半会也想不出合适的答案，只好随口说道："陛下，俗话说'斩草要除根'，您当年只杀了老皇帝和他的皇子，前朝还有那么多宗室亲王，您都没有除掉。万一其中一人卷土重来，您的江山就保不住了。"高洋一听觉得此言有理，立马下令大开杀戒，把与老皇帝血缘亲近的 44 家宗室共 700 多人全部处死了。

消息传出来以后，剩下的元氏远房宗族都感到害怕。他们赶忙聚在一起商议对策。一个叫元景安的县令④想了一个办法，他说："高洋忌惮元氏宗族，为表示对他的忠心，我们需将姓由'元'改为'高'才行。要么改姓，要么性命难保。"其他元姓族人觉得此法可行，纷纷响应道："高洋残暴嗜杀，要想保住性命，这次恐怕非改姓不可了。"

元景安有个堂兄叫元景皓。起初，他独自呆在角落里一言不发。这时，他走到人群中间，气愤地说："我们怎么可以为了保全自己的性命而背弃先祖呢？没有祖先就没有我们的存在。大丈夫宁可做玉器被打碎，也不愿忍辱偷生做低贱的瓦器。反正我是绝对不会改姓的。"

元景安为了讨好高洋，第二天就将堂弟的话原封不动地告诉了高洋。高洋听后十分生气，立即处死了元景皓。元景安因告密有功，被赐姓为"高"，还破格升了官。但是，残酷的屠杀并不能挽救本已摇摇欲坠的北齐政权。三个月后，高洋死去。又过了十八年，北齐王朝的统治也结束了。

后人感念元景皓的凛然正气，用谚语"宁为玉碎，不为瓦全"比喻宁可保全气节，为正义之事而牺牲，也不愿屈从强权、苟且偷生的高尚精神。

## 词 语

| | | | |
|---|---|---|---|
| 1. 处于（四级） | chǔyú | be（in a certain condition） |
| 2. 南北（五级） | nánběi | north and south |
| 3. 分裂（六级） | fēnliè | split |
| 4. 逼（六级） | bī | force |
| 5. 代替（四级） | dàitì | substitute |
| 6. 残忍（高等） | cánrěn | cruel |
| 7. 毒（五级） | dú | poison |
| 8. 吉利（六级） | jílì | auspicious |
| 9. 担心（四级） | dānxīn | worry about |
| 10. 忧虑（高等） | yōulù | anxious |
| 11. 恐惧（高等） | kǒngjù | scared |
| 12. 取代（高等） | qǔdài | replace |
| 13. 动摇（四级） | dòngyáo | shake |
| 14. 答案（四级） | dáàn | answer |
| 15. 血缘（高等） | xuèyuán | consanguinity |
| 16. 亲近（高等） | qīnjìn | be close to |
| 17. 共（四级） | gòng | altogether |
| 18. 剩下（五级） | shèngxia | remain |
| 19. 聚（四级） | jù | gather |

| 20. 对策（高等） | duìcè | countermeasure |
| 21. 忠心（六级） | zhōngxīn | loyalty |
| 22. 需（高等） | xū | need |
| 23. 改为（高等） | gǎiwéi | instead |
| 24. 要么（六级） | yàome | either |
| 25. 性命（高等） | xìngmìng | life |
| 26. 法（四级） | fǎ | method |
| 27. 可行（高等） | kěxíng | feasible |
| 28. 响应（高等） | xiǎngyìng | respond |
| 29. 独自（四级） | dúzì | alone |
| 30. 角落（高等） | jiǎoluò | corner |
| 31. 一言不发（高等） | yīyán-bùfā | not to utter a single word |
| 32. 气愤（高等） | qìfèn | indignant |
| 33. 祖先（高等） | zǔxiān | ancestor |
| 34. 宁可（高等） | nìngkě | would rather |
| 35. 碎（五级） | suì | broken |
| 36. 瓦（高等） | wǎ | earthen |
| 37. 讨好（高等） | tǎohǎo | curry favour with |
| 38. 因（六级） | yīn | because |
| 39. 残酷（六级） | cánkù | cruel |

| 40. 摇摇欲坠（高等） | yáoyáoyùzhuì | teeter |
| 41. 政权（六级） | zhèngquán | regime |
| 42. 统治（高等） | tǒngzhì | rule; govern |
| 43. 牺牲（六级） | xīshēng | sacrifice |
| 44. 高尚（四级） | gāoshàng | noble |

| 1. 元景皓 | Yuán Jǐnghào | Yuan Jinghao |
| 2. 高洋 | Gāo Yáng | Gao Yang |
| 3. 元景安 | Yuán Jǐngān | Yuan Jingan |

## 注释

① 北朝（Běicháo, Northern Dynasties）：公元 386 年—581 年中国北方政权的统称，包含北魏（后分裂为东魏、西魏）、北齐、北周。

② 东魏（Dōng Wèi, Eastern Wei Dynasty）：北朝之一，公元 534 年—550 年，元善见所建。

③ 北齐（Běi Qí, Northern Qi Dynasty）：北朝之一，公元 550 年—577 年，高洋所建。

④ 县令（xiànlìng, county magistrate）：中国古代负责管理一县的长官。

## 一、近义词辨析

代替——取代

残忍——残酷

性命——生命

## 二、用汉语解释以下词语

1. 逼：

2. 血缘：

3. 响应：

4. 一言不发：

5. 摇摇欲坠：

## 三、用副词"赶忙"造句（HSK 6 级考点）

原文：他们赶忙聚在一起商议对策。

"赶忙"：方式副词，表示立即做某事

含"赶忙"的其他例句：

＊开会要迟到了，他赶忙搭上了去公司的公交车。

＊儿子说了脏话，他赶忙为儿子的失礼行为道歉。

请用"赶忙"造句：

四、句型练习

紧缩复句（HSK 5 级考点）

原文：没有祖先就没有我们的存在。

格式：没有……就没有……

其他例句：

\*没有老师的帮助就没有我的进步。

\*池塘里没有水就没有鱼。

请用"没有……就没有……"造句：

强调的方法（HSK 6 级考点）

原文：高洋残暴嗜杀，要想保住性命，这次恐怕非改姓不可了。

格式：非……不可

其他例句：

\*同样的错误你犯两次，今天我非教训你不可。

\*这次考试我非考进前三名不可。

\*你就别再说了，你非惹她生气不可吗？

请用"非……不可"造句：

选择复句（HSK 6 级考点）

原文：要么改姓，要么性命难保。

格式：要么……，要么……

其他例句：

\*你要么明天去，要么后天去，反正这两天商场都开门。

\*要么战胜困难，要么被困难战胜。

\*你要么去写作业，要么去打篮球，不要在客厅里发呆。

请用"要么……，要么……"造句：




## 五、谚语练习

本文谚语："宁为玉碎，不为瓦全"

用"宁为玉碎，不为瓦全"完成以下句子：

＊元景皓宁死也不愿背弃祖宗，真是＿＿＿＿＿＿＿＿＿＿＿＿＿＿＿＿＿＿。

＊抱着＿＿＿＿＿＿＿＿＿＿＿＿＿＿＿，他冲出藏身的土坑，向敌人一阵扫射。

＊我们一定要保卫这座城市，与敌人周旋到底，每个人都要具备＿＿＿＿＿＿。

＊＿＿＿＿＿＿＿＿＿＿＿＿＿＿＿＿＿＿＿＿＿，元景皓的做法值得我们赞赏。


## 六、阅读理解

1. 为什么出现日食，高洋会感到恐惧？

2. 高洋为什么要杀掉所有的元姓族人？

3. 元景安为什么要告密？


## 对比阅读

### 留取丹心照汗青

　　文天祥是南宋时期著名的诗人。21岁那年，他高中状元①，随即被拔擢为朝廷重臣。文天祥为人刚正不阿，眼里揉不得沙子的他曾公然斥责权相贾似道贪赃枉法，从此遭到了当朝权贵的排挤。

　　公元1275年，蒙古军队南下攻宋。文天祥卖掉家里所有财产，以充军资，招募5万士兵，共同抗击元军。因抗元表现突出，不久他就被宋廷任命为谈判代表，赴元军处议和。在谈判席上，文天祥想到被蒙古军队占领的南宋国土及因战争流离失所的平民百姓，不禁悲从中来。愤怒之下，他当面辱骂了元军主帅伯颜，元军士兵立刻将他扣押。但幸运的是，在跟随元军北上的途中，文天祥找到个机会逃跑了。

逃跑后的文天祥继续坚持抗元事业。他带领汉军与蒙军作战，数次取得胜利。虽然以文天祥为首的有志之士竭力抗元，但宋王朝毕竟气数已尽，蚍蜉难以撼动大树。在文天祥42 岁这年，他还是兵败被俘了。

被俘虏后的文天祥展现出了惊人的气节。元军先是企图瓦解他的意志，命他写信招降宋廷名将张世杰，他坚决拒绝、宁死不从，打消了元军的痴心妄想。南宋正式灭亡后，元朝②的第一个皇帝忽必烈亲自来劝降他。忽必烈许诺，只要文天祥愿意投降，等待他的将是享不尽的荣华富贵。文天祥没有被利益诱惑，再三表示今生只效忠于宋廷。忽必烈见他已没有什么利用价值，不久之后就将他处死了。

文天祥精忠报国的意志与决心令后人感佩。他曾写下一首名垂青史的诗歌，其中两句曰："人生自古谁无死，留取丹心③照汗青④。"

---

## 词 语

| 1. 随即（高等） | suíjí | immediately |
|---|---|---|
| 2. 揉（高等） | róu | rub |
| 3. 公然（高等） | gōngrán | openly |
| 4. 财产（四级） | cáichǎn | property |
| 5. 充（高等） | chōng | fund |
| 6. 招募（高等） | zhāomù | recruit |
| 7. 任命（高等） | rènmìng | appoint |
| 8. 处（四级） | chù | place |
| 9. 席（高等） | xí | table |

| 10. 及（高等） | jí | and |
|---|---|---|
| 11. 平民（高等） | píngmín | civilian |
| 12. 当面（高等） | dāngmiàn | face to face |
| 13. 扣押（高等） | kòuyā | detain |
| 14. 途中（四级） | túzhōng | on the way to |
| 15. 逃跑（五级） | táopǎo | escape |
| 16. 竭力（高等） | jiélì | endeavour |
| 17. 毕竟（五级） | bìjìng | after all |
| 18. 尽（六级） | jìn | finished |
| 19. 俘虏（高等） | fúlǔ | capture |
| 20. 企图（六级） | qǐtú | attempt |
| 21. 意志（五级） | yìzhì | will |
| 22. 享（高等） | xiǎng | enjoy |
| 23. 诱惑（高等） | yòuhuò | tempt |
| 24. 曰（高等） | yuē | say |

## 专有名词

| 1. 文天祥 | Wén Tiānxiáng | Wen Tianxiang |
|---|---|---|
| 2. 贾似道 | Jiǎ Sìdào | Jia Sidao |
| 3. 蒙古 | Měnggǔ | Mongolia |

| 4. 伯颜 | Bó Yán | Bo Yan |
| 5. 张世杰 | Zhāng Shìjié | Zhang shijie |
| 6. 忽必烈 | Hūbìliè | Kublai Khan |

① 状元（zhuàngyuán, Number One Scholar）：科举时代的一种称号。唐代称进士科及第的第一人，有时也泛称新进士。宋代主要指第一名，有时也用于第二、三名。元代以后限于称殿试一甲（第一等）第一名。

② 元朝（Yuáncháo, Yuan Dynasty）：中国朝代，公元 1271 年—1368 年，忽必烈所建。

③ 丹心（dānxīn, loyal heart）：赤诚之心，爱国之心。

④ 汗青（hànqīng, annals）：中国古代在竹简上记事，采来青色的竹子，要用火烤得竹板冒出水分才容易书写，因此后世把著作完成叫作汗青。

讨论题

讲一讲你们国家中宁死不屈的英雄的故事。

# 隋　唐

## ·第 12 课· 破镜重圆

南朝①陈代②末年，大才子徐德言娶了皇帝的妹妹乐昌公主。他们夫妻二人郎才女貌、恩爱有加，日子过得十分幸福。然而，乐昌公主的哥哥陈后主③只知娱乐、不理朝政，使得陈国政局动荡不已。

徐德言预感到大祸将至，便对乐昌公主说："从目前的情形来看，陈国早晚会灭亡。到时新的军队一来，我们在兵荒马乱中离散了可怎么办？"说着，他想到一个办法，他拿起公主梳妆台上的铜镜说："这面镜子我将它分成两半，我们一人拿一半。如果将来分开了，我们就每年正月十五④拿着半面镜子去都城的集市上沿街叫卖，直到找到对方为止。"

徐德言的预料果然没错。没过多久，隋朝⑤军队大举来袭，很快灭亡了陈朝，徐德言在战乱中流落江湖，乐昌公主则被隋朝皇帝赏赐给灭陈功臣杨素做妾⑥。公主虽身在杨府，但心里一直记挂着前夫徐德言。每年的正月十五，她都会让一个信得过的仆人拿着半面铜镜去街上叫卖。如此好几年，但始终没等来徐德言的音信。公主却早已下定决心，她绝不做背信弃义之人，这件事再难也要坚持下去。

兴许是公主的诚心感动了上苍。在某一年的正月十五，徐德言辗转来到妻子所在的长安⑦城。在热闹的集市上，他看见一个老人正高价出售一块半面铜镜。走近一看，正是他当年送给妻子的那块。徐德言写了一首诗，连同自己的半面铜镜一并交给这个老人，让他转交乐昌公主。

公主看到信物后，不禁喜极而泣，但随即她又愁眉紧锁、叹息不已。原来，公主已嫁与杨素多年，如今虽得知徐德言尚在人间，但又如何能与前夫重修旧好呢？闷闷不乐的公主引起了杨素的注意，杨素听闻了公主的故事，被她的痴情打动。心胸宽广的杨素主动找到徐德言，让他将公主接回江南老家，并赐给了他们许多财物。从此以后，公主与徐德言又幸福地生活在了一起。

后来，成语"破镜重圆"就用来比喻夫妻离散或感情破裂后重新团圆和好。

## 词　语

| | | |
|---|---|---|
| 1. 娶（高等） | qǔ | marry |
| 2. 公主（六级） | gōngzhǔ | princess |
| 3. 夫妻（四级） | fūqī | couple |
| 4. 娱乐（六级） | yúlè | entertainment |
| 5. 不理（高等） | bùlǐ | ignore |
| 6. 动荡（高等） | dòngdàng | turmoil |
| 7. 不已（高等） | bùyǐ | unceasingly |
| 8. 预感（高等） | yùgǎn | presentiment |
| 9. 早晚（六级） | zǎowǎn | sooner or later |
| 10. 铜（高等） | tóng | copper |
| 11. 镜子（四级） | jìngzi | mirror |
| 12. 分成（五级） | fēnchéng | divide into |
| 13. 预料（高等） | yùliào | prediction |
| 14. 灭（六级） | miè | annihilate |
| 15. 功臣（高等） | gōngchén | meritorious statesman |
| 16. 如此（五级） | rúcǐ | like this |
| 17. 绝（六级） | jué | absolutely |
| 18. 所在（五级） | suǒzài | where |
| 19. 高价（四级） | gāojià | high price |

| 20. 出售（四级） | chūshòu | sell |
| 21. 走近（高等） | zǒujìn | go near |
| 22. 转交（高等） | zhuǎnjiāo | pass on; transmit |
| 23. 锁（五级） | suǒ | lock |
| 24. 多年（四级） | duōnián | many years |
| 25. 如今（四级） | rújīn | now |
| 26. 得知（高等） | dézhī | learn; hear about |
| 27. 尚（高等） | shàng | still; yet |
| 28. 心胸（高等） | xīnxiōng | mind; tolerance |
| 29. 老家（四级） | lǎojiā | old home |
| 30. 财物（高等） | cáiwù | property |
| 31. 团圆（高等） | tuányuán | reunion |

### 专有名词

| 1. 徐德言 | Xú Déyán | Xu Deyan |
| 2. 杨素 | Yáng Sù | Yang Su |

① 南朝（Náncháo, Southern Dynasties）：中国南方宋、齐、梁、陈四朝的合称，公元 420 年—589 年。

② 陈代（Chéndài, Chen Dynasty）：南朝之一，公元 557 年—589 年，陈霸先所建。

③ 陈后主（Chén Hòuzhǔ, Chen Shubao）：陈国最后一任皇帝，本名陈叔宝。

④ 正月十五（zhēngyuèshíwǔ, the fifteenth day of the first month of lunar year）：中国农历年第一个月的第十五天，中国传统元宵节。

⑤ 隋朝（Suícháo, Sui Dynasty）：中国朝代，公元 581 年—618 年，杨坚所建。

⑥ 妾（qiè, concub-ine）：旧时男子在妻子以外娶的女子。

⑦ 长安（Cháng'ān, Chang'an）：隋朝、唐朝都城，在今陕西西安一带。

### 一、近义词辨析

预感——预料

早晚——迟早

### 二、用汉语解释以下词语

1. 娶：

2. 动荡：

3. 功臣：

4. 转交：

5. 心胸：

### 三、用副词"不禁"造句（HSK 6 级考点）

原文：公主看到信物后，不禁喜极而泣。

"不禁"：方式副词，表示情绪激动，无法克制

含"不禁"的其他例句：

＊这场表演太精彩了，观众们不禁拍手叫好。

＊这笑话太有趣了，我不禁笑到流泪。

请用"不禁"造句：

## 四、句型练习

### 固定格式（HSK 5 级考点）

原文：从目前的情形来看，陈国早晚会灭亡。

格式：从……来看

其他例句：

＊从长远来看，你这样做是行不通的。

＊从她的考试成绩来看，她平时学习很用功。

请用"从……来看"造句：

### 紧缩复句（HSK 5 级考点）

原文：公主却早已下定决心，她绝不做背信弃义之人，这件事再难也要坚持下去。

格式：再……也……

其他例句：

＊作业再多我今天也要写完。

＊困难再大我们也要克服。

请用"再……也……"造句：

转折复句（HSK 6 级考点）

原文：公主虽身在杨府，但心里一直记挂着前夫徐德言。

格式：虽……，但……

其他例句：

＊她虽漂亮，但脾气很坏。

＊零食虽美味，但不管饱。

＊这件衣服虽好看，但价格很贵。

请用"虽……，但……"造句：

## 五、成语练习

本文成语："破镜重圆"

用"破镜重圆"完成以下句子：

＊他们夫妻俩坚持离婚，看来＿＿＿＿＿＿＿＿＿＿＿＿＿＿＿。

＊战乱使得他们分隔十年，如今这对夫妇＿＿＿＿＿＿＿＿＿＿＿＿。

＊他想与前妻复婚，一直在寻找＿＿＿＿＿＿＿＿＿＿＿＿＿＿。

＊宁拆十座庙，不毁一桩婚，希望＿＿＿＿＿＿＿＿＿＿＿＿＿＿。

## 六、阅读理解

1.徐德言为什么要把镜子分成两半？

2.徐德言与乐昌公主是怎么重逢的？

3.杨素为什么主动让徐德言与乐昌公主重结婚姻？

## 寻 找

20世纪40年代，台湾青年陈秋水做了大户人家王家少爷的家庭教师。陈秋水年轻俊朗、聪慧善良，很快便与美丽端庄的王家大小姐王碧云一见钟情。两人坠入爱河不可自拔，以至发展到了私定终身的地步。眼看两人的爱情就要开花结果，可偏偏天不遂人愿。台湾政局动荡，陈秋水作为左翼人士遭到当局迫害。无可奈何之下，陈秋水只好只身逃往大陆，寻求中国共产党的庇护。

大陆解放后，海峡两岸音信阻隔，陈秋水无法得到任何有关王碧云的消息。20世纪50年代初期，陈秋水作为军医奔赴朝鲜战场。在战场上，他结识了单纯可爱的战地护士王金娣。与王碧云一样，王金娣第一眼就爱上了英俊有为的陈秋水，并对他展开了热烈的追求。战争结束后，陈秋水去到了西藏的医院工作，王金娣一路追随，也来到西藏陪伴他。由于海峡两岸的分隔，又几度寻找王碧云无果，在这种绝望中，王金娣的真情如同一道曙光照亮了陈秋水，陈秋水最终接受了王金娣的爱情，与她结婚了。

此时身在台湾的王碧云则以儿媳的身份主动担负起照顾陈秋水母亲的责任，她发誓要用一生来寻找恋人的踪迹，她一定要等到陈秋水回来。1968年，王碧云终于得到了陈秋水的消息——陈秋水与妻子王金娣在西藏的雪山遇难，死于雪崩。

近60年过去了，一生未嫁的王碧云已两鬓斑白。她的侄女晓芮在西藏找到了陈秋水的儿子。隔着电脑屏幕，王碧云与陈秋水的儿子相见了。此时，王碧云的激动难以言表。是啊，如果当初没有分离，眼前的这个男子就将是自己与陈秋水的儿子。这一次相见，是王碧云对那段纯真美好的爱情的最高缅怀，也为她一生的寻找画上了圆满的句号。

——改写自电影剧本《云水谣》

### 词 语

| | | |
|---|---|---|
| 1. 坠（高等） | zhuì | fall |
| 2. 终身（五级） | zhōngshēn | all one's life |
| 3. 地步（高等） | dìbù | extent; level |

| | | |
|---|---|---|
| 4. 眼看（六级） | yǎnkàn | soon |
| 5. 开花（四级） | kāihuā | blossom |
| 6. 结果（高等） | jiēguǒ | bear fruit |
| 7. 偏偏（高等） | piānpiān | deliberately |
| 8. 人士（五级） | rénshì | personage |
| 9. 迫害（高等） | pòhài | persecute |
| 10. 无可奈何（高等） | wúkěnàihé | have no other way |
| 11. 逃（五级） | táo | escape |
| 12. 大陆（四级） | dàlù | mainland |
| 13. 寻求（五级） | xúnqiú | seek |
| 14. 解放（五级） | jiěfàng | liberate |
| 15. 海峡（高等） | hǎixiá | strait |
| 16. 两岸（五级） | liǎngàn | both sides |
| 17. 初期（五级） | chūqī | beginning period |
| 18. 奔赴（高等） | bēnfù | rush to |
| 19. 战场（六级） | zhànchǎng | battlefield |
| 20. 结识（高等） | jiéshí | get acquainted with sb. |
| 21. 单纯（四级） | dānchún | simple |
| 22. 护士（四级） | hùshi | nurse |
| 23. 追求（四级） | zhuīqiú | pursue |

| | | |
|---|---|---|
| 24. 一路（五级） | yīlù | all the way |
| 25. 追随（高等） | zhuīsuí | follow |
| 26. 陪伴（高等） | péibàn | accompany |
| 27. 寻找（四级） | xúnzhǎo | look for |
| 28. 绝望（五级） | juéwàng | despair |
| 29. 真情（高等） | zhēnqíng | true love |
| 30. 如同（五级） | rútóng | as; like |
| 31. 曙光（高等） | shǔguāng | dawn |
| 32. 担负（高等） | dānfù | shoulder |
| 33. 发誓（高等） | fāshì | swear |
| 34. 雪山（高等） | xuěshān | snow mountain |
| 35. 遇难（高等） | yùnàn | die in an accident |
| 36. 未（高等） | wèi | not |
| 37. 嫁（高等） | jià | marry |
| 38. 屏幕（六级） | píngmù | screen |
| 39. 分离（五级） | fēnlí | separate |
| 40. 将（五级） | jiāng | will |
| 41. 缅怀（高等） | miǎnhuái | cherish the memory of |
| 42. 圆满（四级） | yuánmǎn | satisfactory |

| | | |
|---|---|---|
| 1. 台湾 | Táiwān | Taiwan Province |
| 2. 陈秋水 | Chén Qiūshuǐ | Chen Qiushui |
| 3. 王碧云 | Wáng Bìyún | Wang Biyun |
| 4. 共产党 | gòngchǎndǎng | the Communist Party |
| 5. 朝鲜 | Cháo Xiǎn | Korea; Democratic People's Republic of Korea |
| 6. 王金娣 | Wáng Jīndì | Wang Jindi |
| 7. 西藏 | Xīzàng | Xizang Province |
| 8. 侄女 | zhínǚ | niece |
| 9. 晓芮 | Xiǎo Ruì | Xiao Rui |

**讨论题**

讲一讲你们国家历史文化里或重新团圆或最终分离的爱情故事。

## · 第 13 课 · 千里送鹅毛

唐朝①时期，云南缅氏为了表示对大唐的友好，特意派使者高（缅王的伯父）携带一批奇珍异宝去拜见唐朝的皇帝。在这批宝物中，最名贵的当属一只极其罕见的白天鹅。

缅伯高最担心的也是这只白天鹅，一路上，他都在精心地照料它。这天，缅伯高一行来到沔阳湖②附近。白天鹅见到湖水，只管张大嘴巴伸出脖子，露出很难受的神情。缅伯高心想：它兴许是渴了。也罢，连我们都觉得口渴，它自然是更渴了。这样思索着，缅伯高便打开了笼子，把白天鹅带到水边饮水。可谁料，白天鹅喝足了水，转瞬就挣脱缅伯高的束缚，扑腾着翅膀飞上了天空。慌忙之中，缅伯高只抓到几根白天鹅的羽毛。

"这下可糟了，"缅伯高在心里嘀咕："那我还去见唐朝的皇帝吗？如果去见，我拿什么去进贡呢？如果回到，云南土司也会斥责我的。我或是被唐朝皇帝责怪，或是被土司王惩罚，横竖都难逃这一劫。"一个随从知晓了此事，便对缅伯高谏言："既然白天鹅已经飞走了，我们就想想别的补救办法吧。"

思前想后，缅伯高决定继续向唐朝国都长安进发。他拿出一块洁白的绸子，小心翼翼地把鹅毛包好，又在绸子上题了一首诗："天鹅贡唐朝，山高路遥遥。沔阳湖失宝，倒地哭嗬嗬。上奉唐天子，请罪缅伯高。物轻人义重，千里送鹅毛！"

缅伯高到达长安后，唐太宗③亲自接见了他们。缅伯高将鹅毛献上，并诉说了丢失天鹅的经过。唐太宗看了看绸子上的诗，又看了看因连续赶路而略显疲乏的缅伯高，心下大为不忍。唐太宗没有怪罪缅伯高，反而被他的诚实打动，他赏赐给了缅伯高许多财物，命他把大唐的珍宝带回云南。

缅伯高送鹅毛的故事流传了下来。后来，人们使用歇后语"千里送鹅毛——礼轻情意重"表示礼物虽然寒微，但送礼的人寄托的情谊却十分深厚。

## 词 语

| | | |
|---|---|---|
| 1. 携带（高等） | xiédài | carry |
| 2. 拜见（高等） | bàijiàn | pay a formal visit |
| 3. 名贵（高等） | míngguì | famous and precious |
| 4. 罕见（高等） | hǎnjiàn | seldom seen; rare |
| 5. 天鹅（高等） | tiāné | swan |
| 6. 一路上（六级） | yīlùshang | all the way |
| 7. 精心（高等） | jīngxīn | elaborately |
| 8. 照料（高等） | zhàoliào | take care of |
| 9. 只管（六级） | zhǐguǎn | just |
| 10. 嘴巴（四级） | zuǐba | mouth |
| 11. 伸（五级） | shēn | stretch |
| 12. 脖子（高等） | bózi | neck |
| 13. 神情（五级） | shénqíng | expression; look |
| 14. 思索（高等） | sīsuǒ | ponder |
| 15. 笼子（高等） | lóngzi | cage |
| 16. 饮水（高等） | yǐnshuǐ | drink water |
| 17. 足（六级） | zú | enough |
| 18. 束缚（高等） | shùfù | fetter |
| 19. 翅膀（高等） | chìbǎng | wing |

| 20. 慌忙（五级） | huāngmáng | in a great rush |
| 21. 之中（五级） | zhīzhōng | in |
| 22. 糟（五级） | zāo | bad |
| 23. 或是（五级） | huòshì | or |
| 24. 责怪（高等） | zéguài | blame |
| 25. 此事（六级） | cǐshì | the matter |
| 26. 既然（四级） | jìrán | since |
| 27. 补救（高等） | bǔjiù | remedy |
| 28. 思前想后（高等） | sīqián-xiǎnghòu | think it through |
| 29. 小心翼翼（高等） | xiǎoxīn-yìyì | cautiously |
| 30. 宝（四级） | bǎo | treasure |
| 31. 接见（高等） | jiējiàn | receive |
| 32. 诉说（高等） | sùshuō | tell |
| 33. 丢失（高等） | diūshī | lose |
| 34. 略（高等） | lüè | slightly |
| 35. 显（五级） | xiǎn | appear; look |
| 36. 诚实（四级） | chéngshí | honest |
| 37. 礼（五级） | lǐ | gift |
| 38. 送礼（六级） | sònglǐ | give gifts |
| 39. 寄托（高等） | jìtuō | find sustenance in |

| 40. 情谊（高等） | qíngyì | friendly feelings |
| 41. 深厚（四级） | shēnhòu | deep |

**专有名词**

| 1. 云南 | Yúnnán | Yunnan |
| 2. 伯父 | bófù | father's eldor brother |

注 释

① 唐朝（Tángcháo, Tang Dynasty）：中国朝代，公元 618 年—907 年，李渊和他的儿子李世民所建。

② 沔阳湖（Miǎnyáng Hú, Mianyang lake）：位于今湖北省仙桃市西部。

③ 唐太宗（Táng Tàizōng, Emperor Taizong of Tang）：唐朝第二位皇帝，叫作李世民。

练 习

一、选词填空

接见　寄托　情谊　责怪　照料

1. 在妈妈的悉心（　　　）下，她的病很快好了。

2. 他打碎了花瓶，会被父母（　　　）。

3. 习近平总书记亲切（　　　）了各国领导。

4. 我们虽然不能相见，但这封信足够（　　　）我的思念。

5. 黄金有价，（　　　）无价。

137

## 二、近义词辨析

思索——思考

束缚——约束

## 三、用副词"反而"造句（HSK 4 级考点）

原文：唐太宗没有怪罪缅伯高，反而被他的诚实打动。

"反而"：副词，表示跟上文意思相反或出乎预料和常情。

含"反而"的其他例句：

＊雨没有停，反而越下越大。

＊他的学习不但没有进步，反而更差了。

请用"反而"造句：

## 四、句型练习

**因果复句（HSK 4 级考点）**

原文：既然白天鹅已经飞走了，我们就想想别的补救办法吧。

格式：既然……，就……

其他例句：

＊既然已经迟到了，我们就慢慢走过去吧。

＊你既然知道错了，就应该主动承认错误。

请用"既然……，就……"造句：

## 选择复句（HSK 5 级考点）

原文：我或是被唐朝皇帝责怪，或是被土司惩罚，横竖都难逃这一劫。

格式：或是……，或是……

其他例句：

*你今晚或是住我家，或是住我哥哥家。

*他这会儿或是在写作业，或是在看电视。

请用"或是……，或是……"造句：


## 递进复句（HSK 6 级考点）

原文：连我们都觉得口渴，它自然是更渴了。

格式：连……都……，……更……

其他例句；

*连女人都觉得她漂亮，男人更觉得她美若天仙。

*这道题连初中生都不会做，小学生更不会做了。

请用"连……都……，……更……"造句：


五、歇后语练习

本文歇后语："千里送鹅毛——礼轻情意重"

1.用"千里送鹅毛——礼轻情意重"完成以下句子：

*快过年了，我给身在美国的姐姐寄去了一个中国结，东西虽然不贵，但_____。

*今天我过生日，张芳给我寄来了亲手做的贺卡，虽然邮费都花去了50元，贺卡还没有邮费贵，但_____。

*_____。感谢妹妹，身在英国的我，终于吃到了家乡的特产。

2. 猜猜歇后语：

＊门缝里看人——（　　　　）

＊过年娶媳妇——（　　　　）

＊秀才遇到兵——（　　　　）

＊泥菩萨过河——（　　　　）

＊外甥打灯笼——（　　　　）

## 六、阅读理解

1. 缅伯高带的白天鹅是怎样丢失的？

2. 缅伯高弄丢了天鹅，只将鹅毛献给了唐太宗，唐太宗为什么没有生气？

## 郑明权的"礼物"

郑明权来巴西的第一个复活节①，抱着"送礼不能太寒酸"的想法，给身边每一位巴西朋友精心准备了一件工艺品。这是他根据每个人的喜好，想了很久才购买的。这些礼物都十分漂亮、精致。

当复活节的钟声敲响后，郑明权和巴西的朋友迎来了复活节的高潮，由最年长的长辈拿起每一份礼物，一一念出来是谁送给谁的。郑明权收到的礼物很多，但身为中国人，他没有当着朋友的面马上打开礼物。巴西朋友见郑明权没拆礼物，就在旁边一个劲儿地怂恿他拆开！盛情难却的郑明权只好把礼物一一拆开。这些礼物中有袜子，有领带，有衬衫，有打火机……还真应了中国那句话——"礼轻情意重"！郑明权再看看其他人的，有围裙，有手套，有睡衣，有拖鞋……多数都是些生活用品，全是很便宜的东西。东西虽便宜，可每个收到礼物的人都非常开心，这就是所谓"简单的快乐"吧！

数月后，郑明权的生日到了，巴西朋友叫他举办一个舞会。于是，他到超市买了很多菜，亲自下厨，忙碌了大半天，准备了满满一桌子中国菜。到晚上6点多，朋友们都到齐了，他们开始大快朵颐，并对郑明权的厨艺赞不绝口。晚宴过后，朋友们向郑明权送上生日礼物，有圆珠笔，有钥匙扣，有指甲刀……郑明权收到的最"贵重"的礼物竟然是生日蛋糕。他内心不禁感慨：拉丁美洲和中国人的送礼观念真是大相径庭！

### 词 语

| 1. 工艺品（五级） | gōngyìpǐn | handiwork |
| 2. 喜好（高等） | xǐhào | like |
| 3. 精致（高等） | jīngzhì | exquisite; delicate |
| 4. 敲（五级） | qiāo | knock |
| 5. 迎来（六级） | yínglái | greet |
| 6. 高潮（四级） | gāocháo | climax |

| 7. 长辈（高等） | zhǎngbèi | elder |
| 8. 一一（高等） | yīyī | one by one |
| 9. 当着（高等） | dāngzhe | in front of |
| 10. 拆（五级） | chāi | open |
| 11. 领带（五级） | lǐngdài | tie |
| 12. 手套（四级） | shǒutào | glove |
| 13. 拖鞋（六级） | tuōxié | slipper |
| 14. 些（四级） | xiē | some |
| 15. 用品（六级） | yòngpǐn | articles for use |
| 16. 所谓（高等） | suǒwèi | so-named |
| 17. 赞不绝口（高等） | zànbùjuékǒu | full of praise |
| 18. 过后（六级） | guòhòu | later |
| 19. 圆珠笔（六级） | yuánzhūbǐ | ballpoint pen |
| 20. 贵重（高等） | guìzhòng | valuable |
| 21. 蛋糕（五级） | dàngāo | cake |
| 22. 感慨（高等） | gǎnkǎi | sign with emotion |

### 专有名词

| 1. 郑明权 | Zhèng Míngquán | Zheng Mingquan |
| 2. 巴西 | Bāxī | Brazil |
| 3. 拉丁美洲 | Lādīng Měizhōu | Latin America |

①复活节（Fùhuó Jié, Easter）：基督教纪念耶稣复活的节日，是每年春分月圆之后的第一个星期日。

1. 中国人的送礼观念与拉丁美洲人的送礼观念有什么不同？
2. 谈谈你们国家的送礼观念。

## ·第 14 课· 刘蜕中进士

  唐朝晚期，荆南①地区有很多文士书生。照理说，这里考中科举②的人应该很多。可将近五十年，该地区都没有人考中进士。于是，人们戏称荆南地区为"天荒"。天荒，本指混沌未开的原始状态，把荆南比作"天荒"，是讥笑那里几十年都没能考上一个进士。

  终于，大约在公元 850 年，有个叫刘蜕的考生考中了进士，总算破了荆南的"天荒"。当时，大官崔铉镇守荆南。为了鼓励更多士子发奋读书，崔铉赠送给刘蜕 70 万钱，名曰："破天荒"奖励。刘蜕自幼丧父，由母亲姚氏将他含辛茹苦地抚养长大，家境贫寒。可面对 70 万的赏钱，刘蜕毫不犹豫地拒绝了。人们都感到奇怪，纷纷询问道："这 70 万钱反正是崔铉送的，不要白不要，你为什么拒绝呢？"刘蜕回答说："我不能要这些赏金，否则荆南人就太没有骨气了。五十年来，读书人不肯发奋用功，自然是没有人能考中进士。可荆南不过距首都长安一千多里，还不能称为'天荒'之地，把荆南说成'天荒'，摆明了是瞧不起我们荆南人。我相信，只要从此以后荆南的年轻人肯努力读书，荆南的进士会越来越多的。"荆南人听了刘蜕的回答，都觉得很有道理。

  刘蜕是五十年来荆南的第一个进士，又拒绝了这么大一笔奖赏，人们你一句，我一句，很快便将他的故事传开了。后来，"破天荒"逐渐成为惯用语，人们常用"破天荒"形容从未有过或第一次出现的事情。

## 词 语

| | | |
|---|---|---|
| 1. 晚期（高等） | wǎnqī | late stage |
| 2. 该（高等） | gāi | the above-mentioned |
| 3. 原始（五级） | yuánshǐ | primitive |
| 4. 讥笑（高等） | jīxiào | sneer |
| 5. 鼓励（五级） | gǔlì | encourage |
| 6. 赠送（五级） | zèngsòng | present |
| 7. 奖励（五级） | jiǎnglì | reward |
| 8. 抚养（高等） | fǔyǎng | bring up |
| 9. 家境（高等） | jiājìng | family circumstances |
| 10. 毫不犹豫（高等） | háobù-yóuyù | without hesitation |
| 11. 骨气（高等） | gǔqì | unyielding spirit |
| 12. 不肯（高等） | bùkěn | refuse |
| 13. 距（高等） | jù | distance |
| 14. 瞧不起（高等） | qiáobuqǐ | look down on（sb.） |
| 15. 从未（高等） | cóngwèi | never |

## 专有名词

| | | |
|---|---|---|
| 1. 刘蜕 | Liú Tuì | Liu Tui |
| 2. 崔铉 | Cuī Xuàn | Cui Xuan |

**注 释**

① 荆南（Jīngnán, Jing Nan）：古地名，大致在今湖南长沙一带。

② 科举（kējǔ, imperial examinations）：从隋唐到清代朝廷通过分科考试选拔官吏的制度。

**练 习**

一、近义词辨析

讥笑——嘲笑

鼓励——鼓舞

二、写出下列词语的反义词

晚期——（　　　　）

原始——（　　　　）

毫不犹豫——（　　　　）

瞧不起——（　　　　）

从未——（　　　　）

三、用介词"由"造句（HSK 5 级考点）

原文：刘蜕自幼丧父，由母亲姚氏将他含辛茹苦地抚养长大。

"由"：介词，引出施事

含"由"的其他例句：

＊今天的清洁由你来做吧。

＊这个问题由小明回答。

请用"由"造句：

## 四、句型练习

### 口语格式（HSK 4 级考点）

原文：这 70 万钱反正是崔铉送的，不要白不要，你为什么拒绝呢？

格式：不……白不……

其他例句：

＊在这个书店看书是免费的，不看白不看。

＊逛公园又不收门票，咱们不去白不去。

请用"不……白不……"造句：

### 假设复句（HSK 4 级考点）

原文：我不能要这些赏金，否则荆南人就太没有骨气了。

格式：……，否则……

其他例句：

＊你一定要多穿点衣服，否则会感冒的。

＊你必须快一点，否则就赶不上火车了。

请用"……，否则……"造句：

固定格式（HSK 6 级考点）

原文：人们你一句，我一句，很快便将他的故事传开了。

格式：A 一 + 量词，B 一 + 量词

其他例句：

*他摔伤了，身上青一块，紫一块。

*老师让同学们读一篇文章，同学们立马你一声、我一声地朗读起来。

请用"A 一 + 量词，B 一 + 量词"造句：

## 五、惯用语练习

本文惯用语：破天荒

用"破天荒"完成以下句子：

*他上课总是迟到，今天居然_____。

*总统由女性担任，在这个国家_____。

*爸爸从不喝酒，但今晚_____。

*_____，因为他平时测验总是不及格。

## 六、阅读理解

1. 人们为什么把荆南地区比作"天荒"？

2. 崔铉为什么赏赐刘蜕 70 万钱？

3. 刘蜕为什么拒绝崔铉的赏赐？

## 石中剑

　　很久以前，在一座古老的城堡中，一个叫作亚瑟的小男孩为城堡的主人做着琐碎的工作。魔法师梅林看出亚瑟将来会成为英格兰的国王，便将他收为徒弟，对他进行严格的训练。梅林用魔法一会儿将亚瑟变成鱼，一会儿又将他变成松鼠，让亚瑟体验不同的生活经历。

　　那段时间，英格兰没有国王，社会秩序非常混乱。骑士们整天决斗，都想掌握权力、成为新的英格兰之王。一所教堂的庭院里有一块大石头，大石头上插着一把神秘的宝剑。石头上刻有一行字："拔出此剑，即为国王。"因此，每个骑士都曾争先恐后地尝试着拔出宝剑，可是没有一个人成功。

　　新年的一天，骑士们照例举办比武大会。来到比试武艺的现场，亚瑟的主人才发现自己忘记了携带佩剑。没有佩剑，便会在比武中惨败，甚至身负重伤。危急关头，主人让亚瑟去重找一把佩剑。然而，亚瑟仔细地搜寻了很多地方，都没有找到合适的剑。这时，亚瑟想起了梅林曾经提到的关于石中剑的事情，他决定去试一试。他来到教堂的大石头旁，铆足了力气，准备将宝剑拔出。可谁料，他轻轻一用力，宝剑居然自己从石头缝中脱出了。

　　亚瑟连忙将石中剑送到比武场。人们认出了石中剑，在场的所有人都惊呆了。他们万万没有想到，眼前的这个小男孩竟然是英格兰的真命天子。但事实摆在这里，人们不得不承认这个结果。就这样，拔出石中剑的亚瑟成为新一代英格兰国王。

### 词 语

| 1. 古老（五级） | gǔlǎo | old |
| 2. 看出（五级） | kànchū | see |
| 3. 徒弟（六级） | túdì | apprentice |
| 4. 严格（四级） | yángé | strict |
| 5. 秩序（高等） | zhìxù | order |

| | | |
|---|---|---|
| 6. 混乱（六级） | hùnluàn | chaotic |
| 7. 掌握（五级） | zhǎngwò | wield |
| 8. 教堂（六级） | jiàotáng | church |
| 9. 插（五级） | chā | stick in |
| 10. 神秘（四级） | shénmì | mysterious |
| 11. 刻（五级） | kè | carve |
| 12. 拔（五级） | bá | pull out |
| 13. 剑（六级） | jiàn | sword |
| 14. 即（高等） | jí | namely |
| 15. 争先恐后（高等） | zhēngxiān-kǒnghòu | strive to be the first and fear to lag behind |
| 16. 尝试（五级） | chángshì | try |
| 17. 大会（四级） | dàhuì | rally |
| 18. 比试（高等） | bǐshi | have a competition |
| 19. 重伤（高等） | zhòngshāng | serious injury |
| 20. 关头（高等） | guāntóu | moment |
| 21. 仔细（五级） | zǐxì | careful |
| 22. 搜寻（高等） | sōuxún | search |
| 23. 关于（四级） | guānyú | about |
| 24. 旁（五级） | páng | side; edge |

| 25. 力气（四级） | lìqi | strength |
| 26. 料（六级） | liào | expect |
| 27. 用力（高等） | yònglì | hard; put forth one's strength |
| 28. 居然（五级） | jūrán | unexpectedly |
| 29. 在场（五级） | zàichǎng | be present |
| 30. 惊（高等） | jīng | amaze |
| 31. 呆（五级） | dāi | dumbstruck |
| 32. 万万（高等） | wànwàn | absolutely |

### 专有名词

| 1. 亚瑟 | Yàsè | Arthur |
| 2. 梅林 | Méilín | Merlin |
| 3. 英格兰 | Yīnggélán | England |

讲一讲你们国家类似"破天荒"的故事。

# 宋　元

## ·第 15 课· 秦桧诬陷岳飞

南宋初年，有一个叫作岳飞的将领，他骁勇善战，敌人都很害怕他。岳家军纪律严明，士兵哪怕冻死也绝不拆老百姓的屋子烧火取暖，哪怕饿死也绝不抢掠老百姓的食物。因此，岳家军深受百姓的欢迎与爱戴。

一次，岳飞奉命进攻北方的金国。在接连取得了多次胜利、收复了一系列失地以后，金朝大臣金兀术慌了。他想，要是岳飞再以这样的破竹之势前进，金国可就危险了。金兀术连忙写信给宋朝的奸臣秦桧，让秦桧想个办法除掉岳飞。秦桧本就畏敌如虎，不敢违抗强敌的命令，加之他嫉妒岳飞的才能，早就对岳飞怀恨在心。金兀术的提议，恰好与他想报复岳飞的企图不谋而合。

秦桧利用皇帝对自己的信任，让皇帝一连下了十二道命令，令岳飞班师回朝。这个指令可真难倒了岳飞！如果现在率兵回朝，岳家军之前收复失地的努力都将白费，如果违抗圣令继续攻打金国，那便会惹怒皇帝，招来杀身之祸。一时之间，岳飞真是走也不是，留也不是。犹豫了几天后，岳飞还是万般不愿地率兵回朝了。

秦桧的老婆王氏也不是一个良善之人。她见岳飞安然无恙地回到了京城，便对秦桧说："对付岳飞这样一个大人物，不是只解除他的兵权就可以了，还要把他弄死才能断绝后患。秦桧觉得老婆所言有理，很快他便联合万俟卨等小人罗织罪名，接二连三地上奏章①攻击岳飞，甚至诬告岳飞谋反②。就这样，岳飞被莫名其妙地押入了大牢。

在秦桧的安排下，岳飞很快被判处了死刑。公元 1142 年，岳飞在杭州风波亭遭到杀害，年仅 39 岁。许多正义之士为岳飞打抱不平，其中一个叫韩世忠的将领质问秦桧道："你说岳飞谋反，有什么证据呢？"秦桧支支吾吾地答道："岳飞的儿子岳云和部下张宪设计为岳飞收回兵权，这件事虽然不是很确凿，但莫须有吧！"韩世忠听后非常气愤，吼道："莫须有的事，怎能让天下人信服呢？"

"莫须有"就是"大概有""也许有"的意思，秦桧用"莫须有"的罪名构陷忠良岳飞，遭到了后人的极度鄙视。后来，成语"莫须有"便用以形容无中生有的罪名，表示某人对另一人的凭空诬陷。

## 词　语

| | | |
|---|---|---|
| 1. 纪律（四级） | jìlǜ | discipline |
| 2. 哪怕（四级） | nǎpà | even if |
| 3. 取暖（高等） | qǔnuǎn | warm oneself |
| 4. 深受（高等） | shēnshòu | deeply |
| 5. 虎（五级） | hǔ | tiger |
| 6. 嫉妒（高等） | jídù | envy |
| 7. 报复（高等） | bàofù | retaliate |
| 8. 指令（高等） | zhǐlìng | instruction |
| 9. 惹（高等） | rě | provoke; offend |
| 10. 招（六级） | zhāo | incur |
| 11. 一时（六级） | yīshí | temporary |
| 12. 之间（四级） | zhījiān | between |
| 13. 犹豫（五级） | yóuyù | hesitate |
| 14. 老婆（四级） | lǎopo | wife |
| 15. 对付（四级） | duìfu | deal with |
| 16. 解除（五级） | jiěchú | relieve |
| 17. 理（六级） | lǐ | reason; truth |
| 18. 小人（高等） | xiǎorén | vile character |
| 19. 接二连三（高等） | jiē'èr-liánsān | one after another |

| 20. 攻击（六级） | gōngjī | attack |
| 21. 莫名其妙（高等） | mòmíngqímiào | be rather baffling |
| 22. 判处（高等） | pànchǔ | sentence; condemn |
| 23. 杀害（高等） | shāhài | murder |
| 24. 质问（高等） | zhìwèn | interrogate; query |
| 25. 确凿（高等） | quèzáo | conclusive |
| 26. 极度（高等） | jídù | extremely |
| 27. 鄙视（高等） | bǐshì | despise |

## 专有名词

| 1. 岳飞 | Yuè Fēi | Yue Fei |
| 2. 金兀术 | Jīn Wùzhú | Jin Wuzhu |
| 3. 秦桧 | Qín Huì | Qin Hui |
| 4. 万俟卨 | Mòqí Xiè | Moqi Xie |
| 5. 杭州 | Hángzhōu | Hang Zhou |
| 6. 风波亭 | Fēngbō Tíng | Wind and Wave Pavilion |
| 7. 韩世忠 | Hán Shìzhōn | Han Shizhong |
| 8. 岳云 | Yuè Yún | Yue Yun |
| 9. 张宪 | Zhāng Xiàn | Zhang Xian |

## 注释

① 奏章（zòuzhāng, memorial to an emperor）：臣子向帝王呈递的意见书。

② 谋反（móufǎn, plot a rebellion）：旧时指暗中谋划反叛皇帝。

### 一、选词填空

小人　接二连三　莫名其妙　质问　极度

1. 主管拿着证据（　　　）小王，小王终于承认了挪用公款的事实。

2. 他最近太忙了，（　　　）的事情，做都做不完。

3. 他真是一个（　　　），只会在背地里使阴招，陷害别人。

4. 他在考试之前（　　　）紧张，整晚都睡不着觉。

5. 我正在写作业，妹妹（　　　）地跑过来打我一下。

### 二、写出下列词语的近义词

嫉妒——（　　　）

指令——（　　　）

犹豫——（　　　）

老婆——（　　　）

确凿——（　　　）

### 三、用副词"恰好"造句（HSK 6 级考点）

原文：金兀术的提议，恰好与他想报复岳飞的企图不谋而合。

"恰好"：副词，正好，刚好。

含"恰好"的其他例句：

＊我喜欢他，他恰好也喜欢我，我们两情相悦。

＊你要找的资料，我这里恰好有。

请用"恰好"造句：

## 四、句型练习

### 让步复句（HSK 4 级考点）

原文：岳家军纪律严明，士兵哪怕冻死也绝不拆老百姓的屋子烧火取暖，哪怕饿死也绝不抢掠老百姓的食物。

格式：哪怕……，也……

其他例句：

＊哪怕再难，我也要把汉语学好。

＊军人的职责是保卫祖国，哪怕牺牲生命，也在所不惜。

请用"哪怕……，也……"造句：

### 口语格式（HSK 5 级考点）

原文：一时之间，岳飞真是走也不是，留也不是。

格式：X 也不是，Y 也不是

其他例句：

＊他在产房外等待结果，焦急得坐也不是，站也不是。

＊我们被敌人包围了，进也不是，退也不是，只好等待援军。

请用"X 也不是，Y 也不是"造句：

### 递进复句（HSK 6 级考点）

**原文**：对付岳飞这样一个大人物，不是只解除他的兵权就可以了，还要把他弄死才能断绝后患。

**格式**：不是……，还……

其他例句：

*这事不是你想做就能做的，还要征求妈妈的同意。

*这件事不是道歉就算完了，还应该给别人一笔赔偿。

*你不是光有信心就够了，还要努力学习才能取得好成绩。

请用"不是……，还……"造句：

## 五、成语练习

**本文成语**："莫须有"

用"莫须有"完成以下对话：

* A.小王说你偷吃了小张的蛋糕。

  B.不，_____。

* A.昨天开会，你怎么和小李吵了起来？

  B.我根本没做过那些坏事，_____。

* A.你怎么不开心？

  B.他们非说我偷了小刘的钱，_____，你不难过吗？

## 六、阅读理解

1.秦桧为什么要陷害岳飞？

2.秦桧联合万俟卨等人，用什么罪名把岳飞送进了大牢？

3.韩世忠为什么替岳飞打抱不平？

## 洗染匠和理发师的故事

相传，古代的亚历山大城中有两个手艺人，一个是洗染匠勾尔，一个是理发师绥尔。洗染匠勾尔是个贪心狡猾的大骗子，经常坑害顾客，于是，法院就将他的洗染店封了。绥尔是勾尔的邻居，他见没有生意可做的勾尔很可怜，便好心收留了他。不久，在绥尔的游说下，两人决定去另一座城市闯荡。

一路上，绥尔每天辛辛苦苦地给人剃头，勾尔却整天吃了睡，睡了吃，就是不肯干活儿。到了城里，勾尔仍然假装头晕，赖在床上不肯起来。绥尔不忍心打扰他，只好任劳任怨地挣钱供养他。一天，绥尔累得病倒了。勾尔见状不仅没有去请医生，反而偷了绥尔的钱溜走了。

绥尔四处无援，在旅店躺了三天，引起了店老板的注意。旅店老板听说了绥尔的遭遇，非常同情他。他热心地照顾着绥尔，绥尔的病很快好了。

一天，病愈后的绥尔突然想洗澡，他上街闲逛，可谁知，走遍了全城也没有找到一个澡堂。他一打听才知道，这里的人不知道澡堂为何物，就连国王也是到海里去洗澡。绥尔立马去求见国王，向国王诉说了澡堂的好处，并请求国王资助他建造一座澡堂。

国王答应了绥尔的请求，全城的第一个澡堂修建了起来。澡堂开张后，国王带着大臣们来光顾。国王在这里痛痛快快地洗了个澡，他从未感觉如此舒适过。在国王的影响下，城里的人们都来到绥尔的澡堂洗澡，绥尔的生意日益兴隆。

再说勾尔，与绥尔分别后，他就在城里开了一家染坊。现在勾尔看到绥尔这么成功，不由地起了嫉妒之心。他去澡堂找到绥尔，假意对当初丢下绥尔的行为表示忏悔。善良的绥尔宽恕了他，临走时，勾尔对绥尔说："用砒霜和石灰配制成拔毛药。下次国王来洗澡时献给他，国王会觉得更舒服。"绥尔听了信以为真，就按照勾尔的说法配了药。

勾尔见绥尔上了当，立即到宫里向国王禀报，说绥尔准备用一种拔毛药害死他。国王来到绥尔的店里，果然找到了有毒的拔毛药。国王愤怒极了，他命令手下把绥尔装进麻袋，扔到大海里喂鱼。

执行国王命令的船长素来钦佩绥尔的为人，他偷偷救下了绥尔，让绥尔每天替他打鱼。一次，绥尔打到了一条又大又肥的鱼。他用刀剖开鱼肚，竟意外地发现里面有一个宝石戒指。船长看到戒指，不禁大吃一惊。原来，这是国王掉进海里却一直没有找到的戒指。国王之所以能统帅三军，完全是靠了这只戒指所赋予的权力。

绥尔一听事关重大，立刻进宫，把戒指还给了国王。国王正担心他的军队会叛变，这时绥尔归还戒指，无疑是雪中送炭！国王感念绥尔的诚实，决定对绥尔"下毒"一事进行彻查。一番调查后，国王发现一切都是勾尔搞的鬼。他命人将勾尔装进麻袋，丢进大海喂鱼去了。

国王想让绥尔担任宰相，但绥尔拒绝了。他深深怀念着自己的故乡，希望国王能够送他回亚历山大城。国王见挽留失败，只好同意他的请求，并赏赐给了绥尔许多奴仆和财宝。就这样，理发师绥尔告别众人，载着满船的人和货，回到了亚历山大城。

——改写自《一千零一夜》

## 词 语

| | | |
|---|---|---|
| 1. 手艺（高等） | shǒuyì | craftsmanship |
| 2. 狡猾（高等） | jiǎohuá | cunning; sly |
| 3. 法院（四级） | fǎyuàn | court |
| 4. 封（五级） | fēng | close down |
| 5. 可怜（五级） | kělián | pitiful; poor |
| 6. 好心（高等） | hǎoxīn | kindness |
| 7. 收留（高等） | shōuliú | take（sb.）in |
| 8. 头晕（高等） | tóuyūn | dizzy |
| 9. 赖（六级） | lài | stay |
| 10. 忍心（高等） | rěnxīn | be hard-hearted enough to |
| 11. 挣钱（五级） | zhèngqián | earn money |
| 12. 偷（五级） | tōu | steal |
| 13. 溜（高等） | liū | slip away |

| | | |
|---|---|---|
| 14. 旅店（六级） | lǚdiàn | inn; hostel |
| 15. 同情（四级） | tóngqíng | sympathize |
| 16. 热心（四级） | rèxīn | warm-hearted |
| 17. 资助（五级） | zīzhù | subsidize |
| 18. 开张（高等） | kāizhāng | open a business |
| 19. 光顾（高等） | guānggù | patronize |
| 20. 舒适（四级） | shūshì | comfortable |
| 21. 日益（高等） | rìyì | increasingly |
| 22. 丢（五级） | diū | leave |
| 23. 宽恕（高等） | kuānshù | forgive |
| 24. 说法（五级） | shuōfǎ | statement |
| 25. 害（五级） | hài | harm |
| 26. 有毒（五级） | yǒudú | poisonous |
| 27. 扔（五级） | rēng | throw |
| 28. 喂（四级） | wèi | feed |
| 29. 执行（五级） | zhíxíng | execute |
| 30. 船长（六级） | chuánzhǎng | captain |
| 31. 钦佩（高等） | qīnpèi | admire |
| 32. 替（四级） | tì | for |
| 33. 肥（四级） | féi | fat |
| 34. 竟（高等） | jìng | unexpectedly |

| 35. 宝石（四级） | bǎoshí | gem |
| 36. 戒指（高等） | jièzhi | ring |
| 37. 之所以（高等） | zhīsuǒyǐ | the reason why |
| 38. 赋予（高等） | fùyǔ | give |
| 39. 归还（高等） | guīhuán | return |
| 40. 无疑（五级） | wúyí | undoubtedly |
| 41. 怀念（四级） | huáiniàn | yearn |
| 42. 众人（高等） | zhòngrén | everybody |
| 43. 货（四级） | huò | goods |

## 专有名词

| 1. 亚历山大 | Yàlìshāndà | Alexandria |
| 2. 勾尔 | Gōuěr | Kir |
| 3. 绥尔 | Suíěr | Sir |

讨 论 题

1. 秦桧、洗染匠勾尔是怎样的一类人？

2. 读完这两则故事，你认为我们在生活中应该做怎样的人？

## ·第 16 课· 李秀才画纺织机

元朝初年，松江乌泥泾（今上海徐汇区华泾镇）出了一个了不起的女人，她叫黄道婆。在纺织方面，她尤其出色。她在海南向黎族①学习了纺织技术，发明了一种在当时比较先进的纺织机。

松江一带由于有了这种纺织机，纺织技术远近闻名。乌泥泾有个姓李的秀才②，几次科考均未中榜，家里穷得揭不开锅。但他自视甚高，对纺织技术不屑一顾。在他看来，凡是与读书无关的事，都不值得涉猎。后来在友人的帮助下，他来到浙江湖州当私塾③先生。

湖州人素闻松江人擅长纺织。这次来了个李秀才，大家便纷纷登门拜访，向他讨教最新的纺织技术。李秀才对纺织根本一窍不通，但他不愿意承认自己不懂。他撒谎说自己是读书人，没有亲自动手织过布，因此他只能将最先进的纺织机图案画下来，乡亲们可以按照图纸制作纺织机。乡民们敬重他是读书人，都十分相信他说的话。

过了几天，李秀才终于硬着头皮把织布机的图纸画好了。大伙儿高高兴兴地请来了最有名的木工，照着图纸做了一架纺织机。人们一看新做的纺织机，都觉得它设计精巧、款式别致，不禁大为赞叹。然而，不久人们却发现，这台好看的纺织机根本没法儿织布。即使请来湖州最灵巧的织妇，也无济于事。渐渐地，人们忘记了这台织布机，它成为一个摆设。

后来，黄道婆的纺织新技术和新式织布机传到湖州，人们才知道真正的织布之法原来是这样。李秀才压根不懂纺织，可见他之前都是装出来的。而李秀才画的那架织布机也只是中看不中用的"花架子"。"花架子"的故事流传下来，"花架子"一词逐渐成为人们口中的惯用语。它大概有三个含义：一指形式主义、不务实际的做法；二指专搞形式主义而不务实的人；三指花哨而没有真功夫的武术动作。

## 词 语

| | | |
|---|---|---|
| 1. 了不起（四级） | liǎobuqǐ | amazing |
| 2. 尤其（五级） | yóuqí | especially |
| 3. 远近闻名（高等） | yuǎnjìnwénmín | famous |
| 4. 穷（四级） | qión | poor |
| 5. 揭（六级） | jiē | uncover |
| 6. 锅（五级） | guō | pot |
| 7. 看来（四级） | kànlái | it seems |
| 8. 凡是（六级） | fánshì | every; any |
| 9. 无关（六级） | wúguān | have nothing to do with |
| 10. 素（高等） | sù | usually |
| 11. 擅长（高等） | shànchán | be good at |
| 12. 图案（四级） | tú'àn | pattern |
| 13. 乡亲（高等） | xiāngqīn | villager |
| 14. 图纸（高等） | túzhǐ | drawing |
| 15. 敬重（高等） | jìngzhòng | respect |
| 16. 大伙儿（五级） | dàhuǒr | everybody |
| 17. 款式（高等） | kuǎnshì | style |
| 18. 别致（高等） | biézhì | unique |
| 19. 没法儿（四级） | méifǎr | cannot |

| | | |
|---|---|---|
| 20. 灵巧（高等） | língqiǎo | dexterous |
| 21. 无济于事（高等） | wújìyúshì | of no help |
| 22. 摆设（高等） | bǎishe | decoration |
| 23. 新式（高等） | xīnshì | new-style |
| 24. 可见（四级） | kějiàn | it shows |
| 25. 含义（四级） | hányì | meaning |
| 26. 主义（高等） | zhǔyì | -ism |
| 27. 务实（高等） | wùshí | pragmatic |

### 专有名词

| | | |
|---|---|---|
| 1. 松江 | Sōn Jiāng | Songjiang |
| 2. 乌泥泾 | Wūníjīng | Wunijing |
| 3. 上海 | Shànghǎi | Shanghai |
| 4. 徐汇区 | Xúhuì Qū | Xuhui District |
| 5. 华泾镇 | Huájīng Zhèn | Huajing Town |
| 6. 黄道婆 | Huáng Dàopó | Huang Daopo |
| 7. 海南 | Hǎinán | Hainan |
| 8. 浙江 | Zhèjiāng | Zhejiang |
| 9. 湖州 | Húzhōu | Huzhou |

 **注释**

① 黎族（Lízú, Li nationality）：中国少数民族之一，主要分布在海南。

② 秀才（xiù·cai, one who passed the imperial examination at the county level）：明清两代生员的通称，亦泛指读书人。

③ 私塾（sīshú, old-style private school）：中国旧时家庭、宗族或教师自己设立的教学处所，一般只有一个教师，采用个别教学法，没有一定的教材和学习年限。

**练习**

一、选词填空

了不起　擅长　别致　摆设　主义

1. 他唱歌不行，可是却（　　　）跳舞。

2. 这枚胸针设计得真（　　　）。

3. 他坚持素食（　　　），从来不吃肉。

4. 这件衣服她从没穿过，挂在衣橱里只是个（　　　）。

5. 他 16 岁就考上了北京大学，真是（　　　）！

二、根据要求填写下列词语

1. 写出下列词语的近义词

敬重——（　　　）

大伙儿——（　　　）

灵巧——（　　　）

2. 写出下列词语的反义词

穷——（　　　）

揭——（　　　）

无关——（　　　）

## 三、用副词"尤其"造句（HSK 5 级考点）

原文：在纺织方面，她尤其出色。

"尤其"：程度副词，表示更进一步

含"尤其"的其他例句：

*他学习能力很强，汉语学得尤其出色。

*他喜欢爬山，尤其喜欢冬天去山上看雪景。

请用"尤其"造句：

## 四、句型练习

### 固定格式（HSK 4 级考点）

原文：在纺织方面，她尤其出色。

格式：在……方面

其他例句：

*在这项工作方面，我没有什么实际经验。

*在销售方面，她特别在行。

请用"在……方面"造句：

### 因果复句（HSK 4 级考点）

原文：李秀才压根不懂纺织，可见他之前都是装出来的。

格式：……，可见……

其他例句：

*他这次考试得了全班第一，可见他平时学习很努力。

*这对夫妻在患难时依然相互扶持，可见他们的感情很深。

请用"……，可见……"造句：

条件复句（HSK 6 级考点）

原文：在他看来，凡是与读书无关的事，都不值得涉猎。

格式：凡是……，都……

其他例句：

\*凡是错误的事，我们都应该反对。

\*凡是善良的举动，都会得到大家的尊重。

\*凡是遇到高兴的事，他都会和妻子分享。

请用"凡是……，都……"造句：

## 五、惯用语练习

本文惯用语："花架子"

用"花架子"完成以下句子：

\*他学的武术根本防御不了坏人，_____。

\*工作要讲实效，不要做表面文章，_____。

\*我们要做踏实勤奋的人，不做华而不实_____。

## 六、阅读理解

1.黄道婆向谁学习的纺织技术？

2.李秀才为什么不愿学习纺织技术？

3.李秀才设计的织布机为什么没法使用？

## 两个公园

　　埃及的德赛公园由一家德国设计院负责修建。建成后，埃及人很不满意，觉得公园的某些地方不符合他们的审美观念。后来埃及再建公园，就不聘请外国人了。20 世纪 70 年代，埃及人自己动手，修建了一个很大的公园——雅利安公园。起初，埃及人对雅利安公园很满意。然而，两年后，埃及人的看法发生了惊人的变化。

　　在雨季到来时，雅利安公园被大水淹没，而德赛公园没有一点雨水的痕迹。原来德国人不但为德赛公园建了排水系统，还特意将地基垫高了两尺①。这一当初人们觉得不美观的设计，到现在才真正发挥出它的作用。

　　雅利安公园在举行集会时，因为公园大门过小酿成了安全事故。这时人们才想到德赛公园宽敞的大门免去了许多安全隐患。最初，人们还觉得德赛公园大门太大，设计得有点傻。

　　炎热的夏季，雅利安公园遮阳的地方太少，所谓的凉亭空间太小，容纳不了多少人。而德赛公园纳凉的亭子棚檐宽大，能容纳许多人。

　　几年后，雅利安公园的石板地磨损严重，不得不翻修。而德赛公园的石板地坚如磐石，雨后如新。当初人们认为德赛公园的石板路投资过高，看着也笨重，一度差点叫德方停工。在德方的坚持下，石板路才得以完全铺好。现在，埃及人方才意识到德国人决策的英明。

　　德国人在设计时，考虑到了埃及的方方面面，包括天气与季节，地理与环境。但埃及人自己却没有顾及这些。德赛公园建完后，多少年没有变样，可雅利安公园总要修修补补，已经花掉了建德赛公园两倍的钱。可见，德赛公园的整体设计远比雅利安公园务实，雅利安公园才是一个"花架子"。

### 词　语

| | | |
|---|---|---|
| 1. 符合（四级） | fúhé | conform to |
| 2. 审美（高等） | shěnměi | aesthetic |
| 3. 聘请（六级） | pìnqǐng | hire |

| | | |
|---|---|---|
| 4. 雨水（五级） | yǔshuǐ | rainwater |
| 5. 痕迹（高等） | hénjì | trace |
| 6. 系统（四级） | xìtǒng | system |
| 7. 垫（高等） | diàn | prop; raise |
| 8. 美观（高等） | měiguān | beautiful |
| 9. 集会（高等） | jíhuì | assembly |
| 10. 宽敞（高等） | kuānchang | spacious |
| 11. 免（高等） | miǎn | avoid |
| 12. 隐患（高等） | yǐnhuàn | hidden danger |
| 13. 傻（五级） | shǎ | silly |
| 14. 炎热（高等） | yánrè | sweltering |
| 15. 夏季（四级） | xiàjì | summer |
| 16. 空间（四级） | kōngjiān | space |
| 17. 容纳（高等） | róngnà | accommodate |
| 18. 磨损（高等） | mósǔn | wear and tear |
| 19. 严重（四级） | yánzhòng | serious |
| 20. 投资（四级） | tóuzī | investment |
| 21. 笨重（高等） | bènzhòng | heavy |
| 22. 一度（高等） | yídù | once |
| 23. 方（四级） | fāng | party; side |

| 24. 铺（六级） | pū | pave |
|---|---|---|
| 25. 决策（六级） | juécè | decision |
| 26. 考虑（四级） | kǎolǜ | consider |
| 27. 方方面面（高等） | fāngfāngmiànmiàn | every aspect |
| 28. 包括（四级） | bāokuò | include |
| 29. 季节（四级） | jìjié | season |
| 30. 地理（高等） | dìlǐ | geography |
| 31. 顾及（高等） | gùjí | take into account |
| 32. 倍（四级） | bèi | times |

专有名词

| 1. 埃及 | Āijí | Egypt |
|---|---|---|
| 2. 德国 | Déguó | Germany |

注释

① 尺（chǐ, traditional Chinese unit of length）：长度单位，1 尺等于 1/3 米。

讨论题

讲一讲你们国家有关"花架子"的故事。

## ·第17课· 陶宗仪与《南村辍耕录》

元朝时期,有个叫陶宗仪的人,他本打算考取功名[①],在朝为官。可事与愿违,在考场上,他因议论时政而落榜。回乡后,陶宗仪和妻子在一个叫南村的地方居住下来,靠耕田和开设私塾授课为生,生活过得非常清苦。但即使这样,陶宗仪依旧利用所有的闲暇时间坚持读书,就连下田劳作时也不例外。

在田间,他时而耕种,时而把随身携带的书拿出来阅读。田里没有纸,陶宗仪就把他的读书心得和对生活的观察记录在树叶上。回到家里,他便把这些树叶存在一只瓦罐中。等到瓦罐装满了树叶,他再把瓦罐埋到地底下。

不知不觉,十多年过去了,陶宗仪埋在地下的瓦罐已经有十多只了。有人对他的做法不理解,问道:"你既然已经不打算参加科举考试,干嘛还如此用功苦读呢?"他答道:"我说什么也得坚持读书,这样才能积累知识,将宝贵的思想传递给后人。学习就应该像这样持之以恒才对。"后来,陶宗仪果真践行了他的诺言。他把瓦罐里的树叶整理出来,编成了一本叫《南村辍耕录》的书。《南村辍耕录》中记载了元代的典章制度、戏曲诗词、风俗民情等史料,具有很高的研究价值。

陶宗仪刻苦学习、用心钻研的故事流传下来,后人便用成语"持之以恒"形容某人长久地干一件事,并将事情干好的精神。

## 词 语

| | | |
|---|---|---|
| 1. 考场（六级） | kǎochǎng | exam hall |
| 2. 议论（四级） | yìlùn | talk; discuss |
| 3. 乡（五级） | xiāng | countryside |
| 4. 开设（六级） | kāishè | open |
| 5. 依旧（五级） | yījiù | still |
| 6. 例外（五级） | lìwài | exception |
| 7. 时而（六级） | shíér | sometimes |
| 8. 随身（高等） | suíshēn | carry-on |
| 9. 心得（高等） | xīndé | idea; thought |
| 10. 树叶（四级） | shùyè | leaf |
| 11. 埋（六级） | mái | bury |
| 12. 不知不觉（高等） | bùzhī-bùjué | unconsciously |
| 13. 地下（四级） | dìxià | underground |
| 14. 宝贵（四级） | bǎoguì | precious |
| 15. 传递（五级） | chuándì | pass; transmit |
| 16. 持之以恒（高等） | chízhīyǐhéng | persistent |
| 17. 诺言（高等） | nuòyán | promise |
| 18. 编（四级） | biān | compile |
| 19. 戏曲（六级） | xìqǔ | traditional Chinese opera |

| 20. 风俗（四级） | fēngsú | custom |
| 21. 研究（四级） | yánjiū | research |
| 22. 刻苦（高等） | kèkǔ | hardworking |
| 23. 长久（六级） | chángjiǔ | long time |

**专有名词**

| 1. 陶宗仪 | Táo Zōngyí | Tao Zongyi |
| 2. 南村 | Náncūn | Nan Village |

**注　释**

①功名（gōngmíng, scholarly honour or official rank in feudal times）：功业和名声；封建时代指科举称号或官职名位。

**练　习**

一、用汉语解释以下词语

1. 考场：

2. 例外：

3. 随身：

4. 不知不觉：

5. 编：

二、写出下列词语的近义词

1. 议论——（　　　　）

2. 心得——（　　　　）

3. 宝贵——（　　　　）

4. 风俗——（　　　　）

5. 刻苦——（　　　　）

三、用副词"依旧"造句（HSK 5 级考点）

原文：但即使这样，陶宗仪依旧利用所有的闲暇时间坚持读书，就连下田劳作时也不例外。

"依旧"：时间副词，表示事情还是原来的样子

含"依旧"的其他例句：

＊奶奶八十多岁了，身体依旧健康。

＊不管孩子犯了多大的错误，父母依旧爱他。

请用"依旧"造句：

四、句型练习

口语格式（HSK 4 级考点）

原文：我说什么也得坚持读书，这样才能积累知识，将宝贵的思想传递给后人。

格式：说什么也得……

其他例句：

＊你说什么也得先把饭吃了，再去看电视。

＊我快赶不上火车了，说什么也得走了。

请用"说什么也得……"造句：

## 并列复句（HSK 6 级考点）

原文：在田间，他时而耕种，时而把随身携带的书拿出来阅读。

格式：时而……，时而……

其他例句：

*这部电影的情节跌宕起伏，让观众时而哭，时而笑。

*小狗时而奔跑，时而停下来汪汪大叫。

*她时而唱歌，时而跳舞，心情非常好。

请用"时而……，时而……"造句：

## 承接复句（HSK 6 级考点）

原文：回到家里，他便把这些树叶存在一只瓦罐中。

格式：……便……

其他例句：

*我一抬头，便看见他向我走来。

*一回到家，我便闻到了饭菜的香味。

*一进校门，李老师便向我招手。

请用"……便……"造句：

五、成语练习

本文成语："持之以恒"

用"持之以恒"完成以下句子：

* 学习要_____，这样才能取得进步。

* 半途而废是可耻的，_____。

* _____，是事业成功的保证。

* 锻炼身体_____，不然没有太大的效果。

* 学习汉语要花工夫，_____。

六、阅读理解

1. 陶宗仪为什么没能考取功名？

2. 陶宗仪为什么在科考落榜后仍然坚持读书？

3.《南村辍耕录》上主要记载了什么？

## 持之以恒的松下幸之助

松下幸之助五岁那年，他的父亲做大米生意失败，他们不得不卖了房子和土地还债，家境日益困窘。然而，福无双降，祸不单行。两年后，一场流感袭击了他们的村庄，幸之助的大哥、二哥和二姐相继感染流感去世，全家陷入了极端的困顿之中。

在这种情况下，父亲只好将振兴家业的全部希望寄托在了幼子幸之助的身上。他经常给儿子讲一些历史人物通过坚持不懈的努力最终取得成功的故事，并一再告诫他"只要持之以恒，就一定会干出一番事业"。

为了养家糊口，松下幸之助很小便来到大阪打工，他先后在火盆店和自行车店当过学徒，生活过得非常辛苦。每当累得快要挺不住的时候，幸之助就以父亲"持之以恒"的教诲来激励自己。

1910年，大阪市通了电车。对新事物一向敏锐的松下幸之助认为，电能的应用前景将会十分广阔，未来是属于电能的。他决定投身到这个新行业中。起初，松下幸之助只在电灯公司里担任一名室内布线的电工助手。但没过多久，由于他学习用心，技术能力提高迅速，便被上司破格提升为了工头。

在工作之余，松下幸之助也开动脑筋，搞起了小发明，他发明了一种新型的灯头插座。尽管这一发明在当时并没有得到老板的赏识，但幸之助没有气馁。他坚持认为自己的想法是对的。他辞了职，向别人借了一些钱，和几个追寻梦想的年轻人一起，在自己狭小的住处开了个作坊。

从这个小作坊起步，在幸之助持之以恒的奋斗下，他的公司越做越大。最终，松下幸之助成功创办了世界著名电器品牌：松下电器。

## 词　语

| | | |
|---|---|---|
| 1. 大米（六级） | dàmǐ | rice |
| 2. 土地（四级） | tǔdì | land |
| 3. 无（四级） | wú | not; never |
| 4. 单（四级） | dān | singly |
| 5. 流感（六级） | liúgǎn | flu |
| 6. 村庄（六级） | cūnzhuāng | village |
| 7. 相继（高等） | xiāngjì | in succession |
| 8. 感染（高等） | gǎnrǎn | infect |
| 9. 陷入（六级） | xiànrù | sink into |
| 10. 极端（六级） | jíduān | extreme |
| 11. 振兴（高等） | zhènxīng | rejuvenate |

| | | |
|---|---|---|
| 12. 人物（五级） | rénwù | figure |
| 13. 一再（四级） | yízài | again and again |
| 14. 先后（五级） | xiānhòu | successively |
| 15. 每当（高等） | měidāng | whenever |
| 16. 激励（高等） | jīlì | inspire |
| 17. 电车（六级） | diànchē | tram |
| 18. 一向（五级） | yíxiàng | consistently |
| 19. 敏锐（高等） | mǐnruì | keen; acute |
| 20. 前景（五级） | qiánjǐng | prospect |
| 21. 将（五级） | jiāng | will |
| 22. 广阔（六级） | guǎngkuò | vast; broad |
| 23. 未来（四级） | wèilái | future |
| 24. 投身（高等） | tóushēn | plunge |
| 25. 行业（四级） | hángyè | industry; trade |
| 26. 电灯（四级） | diàndēng | electric light |
| 27. 助手（五级） | zhùshǒu | assistant |
| 28. 上司（高等） | shàngsi | superior |
| 29. 提升（六级） | tíshēng | promote |
| 30. 开动（高等） | kāidòng | start |
| 31. 脑筋（高等） | nǎojīn | brains |

| 32. 新型（四级） | xīnxíng | new type |
| 33. 气馁（高等） | qìněi | disheartened |
| 34. 起步（高等） | qǐbù | begin |
| 35. 奋斗（四级） | fèndòu | struggle |
| 36. 创办（六级） | chuàngbàn | found |
| 37. 电器（六级） | diànqì | electric appliance |
| 38. 品牌（六级） | pǐnpái | brand |

## 专有名词

| 1. 松下幸之助 | Sōngxià Xìngzhīzhù | Konosuke Matsushita |
| 2. 大阪 | Dàbǎn | Osaka |
| 3. 松下电器 | sōngxiàdiànqì | Panasonic |

讲一讲你们国家"持之以恒"的故事。

# 明　清

## ·第18课· "露马脚" 的马皇后

明朝①的开国皇帝叫作朱元璋，他自幼家境贫寒。为了讨口饭吃，他一度还去庙里做了和尚。但当和尚并非他的本心，八年后，朱元璋还了俗，得到义军领袖郭子兴的赏识，郭子兴将养女马秀英嫁给了他。

婚后的朱元璋与马秀英十分恩爱。一次，朱元璋遭到郭子兴的猜忌，被关押在军营中。郭子兴的几个儿子平时就嫉妒朱元璋功劳卓著，这次便想趁机好好教训他。他们吩咐看守不给朱元璋饭吃，朱元璋被饿了两天两夜。得知这一消息的马秀英急坏了，她连忙到厨房烙了一张大饼，悄悄地给危难中的丈夫送去。快走到关押处时，马秀英不巧遇见了郭氏兄弟。为了不让烙饼被发现，她只好将刚出炉的饼硬揣入怀中。最后，朱元璋吃上了烙饼，可马秀英的胸口被烫了一块大疤。朱元璋见妻子宁愿自己受伤，也不愿他忍饥挨饿，心里非常感动。

当上皇帝后，朱元璋没有忘本，他依然对妻子敬爱有加。任后宫佳丽三千，也撼动不了马秀英皇后的地位。在中国封建时代，有一个畸形的审美观念。那就是人们认为妇女的脚越小越好看，女性的脚最好只有三寸②长。若妇女想养成一双小脚，自小就要被残忍地包裹双足，以抑制脚的正常发育。马秀英自幼丧母，父亲亦远走他乡，没人给她裹脚，便任其发展长了一双天足。马秀英身为皇后，常常对自己的大脚感到不安。为了尽量不让别人看到她的大脚，马皇后就让裁缝制作了很多条长裙。平时，她穿着长裙走路，把步子迈小一些，大脚也的确不容易被发现。

有一次，朱元璋带着马皇后出宫巡游。人们听闻帝后出游，便特意上街来观看。这时，突然刮起了一阵大风，马皇后的轿帘被吹开，裙子亦跟着掀了起来，这下，她的两只大脚露出来了。围观的人们看了个真切，于是就把皇后"露了马脚"这件事当作一个新闻，一传十，十传百，传了出去，很快就轰动了整个京城。

自那以后，"露马脚"就逐渐成为一个惯用语。"露马脚"本指马皇后露出了大脚，后用以指代不想被人知道，但却偏偏显出破绽的事情。

## 词　语

| | | |
|---|---|---|
| 1. 自（四级） | zì | since |
| 2. 庙（高等） | miào | temple |
| 3. 和尚（高等） | héshang | monk |
| 4. 领袖（六级） | lǐngxiù | leader |
| 5. 功劳（高等） | gōngláo | contribution |
| 6. 教训（四级） | jiàoxùn | lesson |
| 7. 厨房（五级） | chúfáng | kitchen |
| 8. 饼（五级） | bǐng | cake |
| 9. 悄悄（五级） | qiāoqiāo | quietly |
| 10. 遇见（四级） | yùjiàn | meet |
| 11. 揣（高等） | chuāi | hide in one's clothes |
| 12. 烫（高等） | tàng | scald |
| 13. 宁愿（高等） | nìngyuàn | would rather |
| 14. 忍饥挨饿（高等） | rěnjī-áiè | suffer from starvation |
| 15. 敬爱（高等） | jìngài | respect and love |
| 16. 皇后（高等） | huánghòu | queen |
| 17. 畸形（高等） | jīxíng | abnormal |
| 18. 女性（五级） | nǚxìng | woman |
| 19. 养成（四级） | yǎngchéng | develop |

| 20. 包裹（四级） | bāoguǒ | wrap up |
| 21. 以（高等） | yǐ | so as to |
| 22. 抑制（高等） | yìzhì | inhibit |
| 23. 发育（高等） | fāyù | growth |
| 24. 亦（高等） | yì | also |
| 25. 裹（高等） | guǒ | bind |
| 26. 迈（高等） | mài | step |
| 27. 的确（四级） | díquè | indeed |
| 28. 出游（高等） | chūyóu | go on a tour |
| 29. 刮（六级） | guā | blow |
| 30. 一阵（高等） | yízhèn | a gust of |
| 31. 掀（高等） | xiān | lift |
| 32. 露（六级） | lòu | show |
| 33. 轰动（高等） | hōngdòng | cause a sensation |
| 34. 显出（六级） | xiǎnchū | show |

## 专有名词

| 1. 朱元璋 | Zhū Yuánzhāng | Zhu Yuanzhang |
| 2. 郭子兴 | Guō Zǐxīng | Guo Zixing |
| 3. 马秀英 | Mǎ Xiùyīng | Ma Xiuying |

| 4. 天足 | tiānzú | natural feet |

**注释**

① 明朝（Míngcháo, Ming Dynasty）：中国朝代，公元 1368 年—1644 年，朱元璋所建。先定都南京，永乐年间迁都北京。

② 寸（cùn, a unit of length）：长度单位，一寸等于 1/3 米。（也可说，一寸等于 1/10 尺）

**一、选词填空**

功劳　悄悄　敬爱　抑制　轰动

1. 这部电影贴合现实，上映后引起了很大的（　　　）。

2. 阿根廷夺得 2022 年世界杯冠军，教练的（　　　）不容忽视。

3. 孩子已经睡着了，妈妈（　　　）地走到床边，给他盖上了被子。

4. 我（　　　）的宋老师去世了，明天要去参加他的葬礼。

5. 安眠药可以（　　　）大脑皮层的兴奋度。

**二、用汉语解释以下词语**

1. 揣：

2. 烫：

3. 畸形：

4. 养成：

5. 出游：

三、用副词"特意"造句（HSK 6 级考点）

原文：人们听闻帝后出游，便特意上街来观看。

"特意"：副词，特地

含"特意"的其他例句：

*新年那天，他特意去拜访了王老师。

*见相亲对象那天，她特意换了条新裙子。

四、句型练习

选择复句（HSK 高等考点）

原文：朱元璋见妻子宁愿自己受伤，也不愿他忍饥挨饿，心里非常感动。

格式：宁愿……，也……

其他例句：

*他宁愿挨批评，也不愿撒谎。

*我宁愿考试不及格，也绝不作弊。

*宁愿有一个真实的敌人，也不要有一个虚假的朋友。

请用"宁愿……，也……"造句：

条件复句（HSK 高等考点）

原文：任后宫佳丽三千，也撼动不了马秀英皇后的位置。

格式：任……，也……

其他例句：

*任别人怎么劝说，也改变不了他的决定。

*任困难再大，也要坚持到最后。

*任学习再忙，也要找时间锻炼身体。

请用"任……，也……"造句：

## 假设复句（HSK 高等考点）

原文：若妇女想养成一双小脚，自小就要被残忍地包裹双足，以抑制脚的正常发育。

格式：若……，……

其他例句：

*若她知道了这件事，想必会怪罪你吧。

*若你起床晚了，上班就会迟到。

*若不想和他交往，就把事情说清楚吧。

请用"若……，……"造句：

## 五、惯用语练习

本文惯用语："露马脚"

注："露马脚"也可拆分写作为"露出马脚""露了马脚"或"露出了马脚"

用"露马脚"完成以下对话：

* A：小明，你今天下午在干什么呢？

B：妈妈，我一直在写作业。

A：可是电脑主机怎么摸着是烫的，你才关电脑不久吧？

B：想不到我玩游戏这么快就被你发现了，_____！

＊A：王方在简历上写她是上海人。

B：可我昨天面试她，明明说的一口东北话。

A：啊，看来她太虚荣了，撒了谎，却在面试中＿＿＿＿＿＿＿＿＿＿。

＊A：老师，我没有拿小红的书。

B：但其他同学都看到你翻过小红的抽屉。

C：老师，虽然小华嘴上不承认拿了我的书，但＿＿＿＿＿＿＿＿＿＿。

六、阅读理解

1. 朱元璋为什么始终对马皇后敬爱有加？

2. 马皇后为什么养成了一双天足？

3. 老百姓是怎样看到马皇后的大脚的？

对比阅读

笑话四则

（一）

汤姆想得到更长的假期，他装作爸爸的声音打电话给他的老师："老师，您好！汤姆生病了。我想他大概有三四天不能去上学了。"

"哦，"老师说，"听到这个消息我很难过，不过，请问现在是谁在跟我讲电话呢？"

汤姆不假思索地答道："我爸爸，老师。"

（二）

学生："老师，鲍勃在假期里常到瓜园去偷西瓜。"

老师："你是怎么知道的？"

学生："他每次都分给我吃。还有，上自习课的时候，鲍勃什么也没有干，光在那里坐着。"

老师："你又是怎么发现的？"

学生："我一直看着他。"

（三）

中国古时，有个人家中劳作急需用一头牛，他想起自己认识的一个富翁家中有牛，于是亲手写了一封书信向其借牛。

书信送到时，富翁恰巧在接待客人。富翁本不识字，但又忌讳别人看出来。因此，他只好打开书信，装模作样地读了半晌。过了好一会儿，富翁点了点头，对送信的人说："知道了，过一会儿我自己就去。"

（四）

从前有一对双胞胎，长相、个头儿一模一样，外人很难区分。一个过路的行人好奇地问他们："嗨，你们两兄弟谁大？"

其中一个说："哥哥，咱们不要告诉他。"

## 词 语

| 1. 哦（高等） | ò | oh |
| --- | --- | --- |
| 2. 不假思索（高等） | bùjiǎ-sīsuǒ | unthinkingly |
| 3. 瓜（四级） | guā | melon |
| 4. 园（六级） | yuán | garden |
| 5. 西瓜（四级） | xīguā | watermelon |
| 6. 富翁（高等） | fùwēng | rich man |
| 7. 亲手（高等） | qīnshǒu | personally |
| 8. 恰巧（高等） | qiàqiǎo | happen |

| 9. 识字（六级） | shízì | literacy |
| 10. 忌讳（高等） | jìhuì | taboo |
| 11. 双胞胎（高等） | shuāngbāotāi | twins |
| 12. 长相（高等） | zhǎngxiàng | appearance |
| 13. 个头儿（高等） | gètóur | size; height |
| 14. 一模一样（六级） | yīmú-yīyàng | exactly alike |
| 15. 区分（六级） | qūfēn | distinguish |

**专有名词**

| 1. 汤姆 | Tāngmǔ | Tom |
| 2. 鲍勃 | Bàobó | Bob |

谈一谈从以上"露马脚"的故事中你悟出了什么道理。

## ·第19课· 浪子回头金不换

明朝时期，有个财主的儿子叫天宝。因为老来得子，财主对他极其宠溺。天宝长大后不务正业，整日游手好闲、挥金如土。后来，天宝的父母相继去世，教书先生也走了。他变得更加肆无忌惮，没过几年就花光了万贯家财，最后落得靠乞讨为生。

一天晚上，天宝冻僵跌倒在路旁。这时，王员外①恰巧路过，见天宝可怜，便将他救回了自己家中。问清天宝的身世后，王员外动了恻隐之心，他认为天宝本性不坏，之所以沦落至此，是由于早年未被严加管教。因此，他将天宝留下来，做了自己女儿腊梅的教书先生。

起初，寄人篱下的天宝还能恪守本分，安心地教腊梅读书识字。但时间一长，他开始对年轻漂亮的腊梅想入非非，动手动脚。王员外知道后非常生气，但他历来重视女儿的名声，不愿将此事声张。一天，王员外叫来天宝，对他说："我在苏州有一个表兄，麻烦你替我送一封信给他，我给你二十两银子做路费。"天宝一听此事不难，便欣然答应了。

可是到得苏州城后，天宝始终没有找到王员外的表兄。转眼半个月过去，眼看路费就要花光了，天宝想：既然寻不到员外的表兄，那我索性看看信里写的是什么内容吧。他打开信一瞧，信上写着："当年路旁一冻丐，今日竟敢戏腊梅。苏州城内无表兄，花尽银钱不用回！"天宝顿时明白，鉴于他浮浪的举止，王员外已经将他赶出家门了。

念及王员外昔日的恩情，天宝觉得羞愧万分。他本想投河自尽，但转念一想，与其这样草草结束生命，还不如洗心革面、重新做人，以实际行动报答王员外。至此以后，天宝一改常态，他白天帮人家干活，晚上还拼了命地挑灯夜读。时间一长，他不仅积攒了二十两银子，还成为一个博学之人。三年之后，天宝参加科举考试，一举中了举人②。

中举后的天宝立即来到王员外家，向员外负荆请罪。他"噗通"一声跪倒在地，归还了二十两银子，并呈上一封信件。王员外打开信件，一看才知道原来是三年前自己写的那封。不过，在他那四句话后又添了四句："三年表兄未找成，恩人堂前还白银。浪子回头金不换，衣锦还乡③做贤人。"王员外见天宝知过能改，惊喜万分，不仅原谅了他，还把女儿腊梅许配给了他。

　　天宝的故事振奋人心，后来，人们用谚语"浪子回头金不换"来形容曾经不走正道的人改邪归正是一件更加难能可贵的事。

## 词 语

| | | |
|---|---|---|
| 1. 乞讨（高等） | qǐtǎo | beg |
| 2. 僵（高等） | jiāng | stiff |
| 3. 跌（六级） | diē | fall |
| 4. 清（六级） | qīng | clear |
| 5. 早年（高等） | zǎonián | tender age |
| 6. 严（四级） | yán | strict |
| 7. 管教（高等） | guǎnjiào | discipline |
| 8. 本分（高等） | běnfèn | obligation; one's rote/rart |
| 9. 安心（高等） | ānxīn | peaceful |
| 10. 历来（高等） | lìlái | always |
| 11. 名声（高等） | míngshēng | reputation |
| 12. 转眼（高等） | zhuǎnyǎn | in an instant |
| 13. 寻（高等） | xún | look for |
| 14. 今日（五级） | jīnrì | nowadays |
| 15. 竟敢（高等） | jìngǎn | dare |
| 16. 鉴于（高等） | jiànyú | in view of |
| 17. 举止（高等） | jǔzhǐ | manner |

| 18. 恩情（高等） | ēnqíng | kindness; favour |
| 19. 羞愧（高等） | xiūkuì | ashamed |
| 20. 投（四级） | tóu | plunge |
| 21. 与其（高等） | yǔqí | rather than |
| 22. 报答（五级） | bàodá | requite |
| 23. 常态（高等） | chángtài | normality |
| 24. 一举（高等） | yìjǔ | one stroke |
| 25. 跪（六级） | guì | kneel |
| 26. 信件（高等） | xìnjiàn | letter |
| 27. 添（六级） | tiān | add |
| 28. 恩人（六级） | ēnrén | benefactor |
| 29. 原谅（六级） | yuánliàng | forgive |
| 30. 振奋（高等） | zhènfèn | inspire |
| 31. 改邪归正（高等） | gǎixié-guīzhèng | give up vice and return to virtue |

### 专有名词

| 1. 天宝 | Tiānbǎo | Tianbao |
| 2. 苏州 | Sūzhōu | Suzhou |

① 员外（yuánwài, official title）：中国古时官职；对地主豪绅的称呼。

② 举人（jǔrén）：明清两代科举考试中，称乡试考取的人。

③ 衣锦还乡（yījǐn-huánxiāng, return to one's native place in silken robes）：古时指做官以后，穿了锦绣的衣服，回到故乡向亲友夸耀。

一、选词填空

管教　安心　寻　添　恩人

1. 他父母死得早，是舅舅舅妈将他抚养长大，舅舅舅妈是他的（　　　　）。

2. 他本想去医院探望外婆，可明天就要考试了，妈妈叫他在家（　　　　）复习。

3. 他们的儿子在 4 岁那年走失了，（　　　　）了好多年都没有结果。

4. 家里来客人了，妈妈叫小丽在饭桌上（　　　　）一双筷子。

5. 不学好的孩子理应被好好（　　　　）。

二、根据要求填写下列词语

1. 写出下列词语的近义词

名声——（　　　　）

转眼——（　　　　）

羞愧——（　　　　）

2. 写出下列词语的反义词

严——（　　　　）

早年——（　　　　）

今日——（　　　　）

## 三、用副词"历来"造句（HSK 高等考点）

原文：王员外知道后非常生气，但他历来重视女儿的名声，不愿将此事声张。

"历来"： 时间副词，表示一向如此

含"历来"的其他例句：

*妈妈历来注重培养她的社交能力。

*王老师历来都会布置很多假期作业。

*我历来喜欢先做作业再看电视。

请用"历来"造句：

## 四、句型练习

### 因果复句（HSK 高等考点）

原文：他认为天宝本性不坏，之所以沦落至此，是由于早年未被严加管教。

格式：之所以……，是由于……

其他例句：

*他之所以考试不及格，是由于平时不好好学习。

*我之所以很生气，是由于他对我撒了谎。

*他之所以迟到，是由于路上堵车了。

请用"之所以……，是由于……"造句：

### 因果复句（HSK 高等考点）

原文：天宝顿时明白，鉴于他浮浪的举止，王员外已经将他赶出家门了。

格式：鉴于……，……

其他例句：

*鉴于他考试作弊，学校决定取消他这门课的成绩。

*鉴于他工作努力，领导决定给他加薪。

*鉴于他表现良好，监狱决定给他减刑。

请用"鉴于……，……"造句：

### 选择复句（HSK 高等考点）

原文：与其这样草草结束生命，还不如洗心革面、重新做人。

格式：与其……，不如……

其他例句：

*与其耻辱地活着，不如有尊严地死去。

*今天下雨了，与其去公园玩，还不如在家里看书。

*你与其在家闲着，还不如出去找找工作。

请用"与其……，不如……"造句：

## 五、谚语练习

本文谚语："浪子回头金不换"

根据以上"浪子回头金不换"的故事，写一篇 200 ～ 300 字的感想。

## 六、阅读理解

1. 王员外为什么收留天宝？

2. 王员外为什么赶走天宝？

3. 天宝为什么下定决心改正以前的错误？

### 谢灵顿的故事

　　谢灵顿小时候生活在贫民窟，是伦敦街头的恶少。街坊邻居没谁会说他的好话，老头儿提起他，头摇得像拨浪鼓；老奶奶提起他，两手一摊，"哎呀哎呀"地长出气；小娃娃一听说他来了，吓得跑回家直往妈妈的怀里钻。

　　尽管臭名远扬，但到了一定的年纪，谢灵顿也如其他少年一般，情窦初开了。他爱上了一个农场的挤奶女工。原本，他以为依靠自己的魅力可以征服心仪的姑娘。可当他鼓起勇气向女工求婚时，得到的却是鄙夷的冷眼和刺耳的挖苦。女工不屑地说；"你这个臭流氓！就你也配向我求婚？我宁可跳进泰晤士河淹死，也不会嫁给你的！"

　　女工的话深深刺伤了谢灵顿的心，他开始自我反省，渐渐意识到，自己过去的所作所为招人厌恶，要想获得别人的喜爱，就得做一个正直的人。从那天起，谢灵顿痛改前非，屏除了往日的恶习。

　　闲暇时的谢灵顿喜欢思考，他觉得人生在世如果仅仅做一个好人似乎也无趣了一点。除了做一个品行端正的人以外，谢灵顿还想干出一番轰轰烈烈的事业。那么，怎样才能成就一番伟大的事业呢？谢灵顿决定从读书做起，在书中寻找方向。经过一段时间的尝试与自学，他对生理学产生了浓厚的兴趣。

　　既然找到了目标，接下来就应当咬牙坚持了。在谢灵顿持续不断的努力下，19岁那年，他进入伦敦圣托马斯医院习医。两年后，他又通过了皇家外科学院的初级考试。从此以后，谢灵顿在钻研生理学的道路上越走越远。1932年，他终于获得了诺贝尔生理学奖。

　　从一个街头混混到诺贝尔奖得主，谢灵顿用实际行动演绎了"浪子回头金不换"的故事。

## 词 语

| | | |
|---|---|---|
| 1. 街头（六级） | jiētóu | street |
| 2. 摊（高等） | tān | spread |
| 3. 哎呀（高等） | āiyā | oh |
| 4. 娃娃（六级） | wáwa | kid |
| 5. 怀里（高等） | huáili | in one's arms |
| 6. 农场（高等） | nóngchǎng | farm |
| 7. 挤（五级） | jǐ | squeeze |
| 8. 依靠（四级） | yīkào | rely on |
| 9. 魅力（高等） | mèilì | charm |
| 10. 征服（四级） | zhēngfú | conquer |
| 11. 鼓（五级） | gǔ | pluck up |
| 12. 勇气（四级） | yǒngqì | courage |
| 13. 求婚（高等） | qiúhūn | propose |
| 14. 刺耳（高等） | cìěr | harsh |
| 15. 挖苦（高等） | wāku | sarcasm |
| 16. 不屑（高等） | búxiè | disdain |
| 17. 流氓（高等） | liúmáng | rascal |
| 18. 淹（高等） | yān | flood |
| 19. 自我（六级） | zìwǒ | self |
| 20. 反省（高等） | fǎnxǐng | self-examine; introspect |

| 21. 所作所为（高等） | suǒzuò-suǒwéi | what one does |
| 22. 喜爱（四级） | xǐài | like |
| 23. 往日（高等） | wǎngrì | former days |
| 24. 思考（四级） | sīkǎo | think |
| 25. 似乎（四级） | sìhū | seemingly |
| 26. 品行（高等） | pǐnxíng | moral conduct |
| 27. 端正（高等） | duānzhèng | proper; upright |
| 28. 自学（六级） | zìxué | teach oneself |
| 29. 浓厚（高等） | nónghòu | strong; keen |
| 30. 奖（四级） | jiǎng | award |
| 31. 演绎（高等） | yǎnyì | interpret |

## 专有名词

| 1. 谢灵顿 | Xièlíngdùn | Sherrington |
| 2. 伦敦 | Lúndūn | London |
| 3. 泰晤士河 | Tàiwùshì Hé | River Thames |
| 4. 生理学 | shēnlǐxué | Physiology |
| 5. 圣托马斯医院 | Shèng Tuōmǎsī Yīyuàn | St Thomas' Hospital |
| 6. 皇家外科学院 | Huángjiā Wàikē Xuéyuàn | Royal College of Surgeons |
| 7. 诺贝尔奖 | Nuòbèiěr Jiǎng | Nobel Prize |

讲一讲你们国家"浪子回头金不换"的故事。

## ·第20课· 郑板桥交朋友

　　郑板桥是清代①著名的画家。他一向洁身自好，不与贪官污吏来往。但与之相反的是，当时的许多官绅却愿意与他结交。官绅们想得到他的字画，以附庸风雅，往自己脸上贴金。

　　一次，一位州台②大人③庆贺生日。为了与郑板桥拉近关系，他几次派人去催请郑板桥参加生日宴会。郑板桥起初不愿意去，后被请得烦不胜烦，才带上画轴和一缸酒前去祝寿。

　　州台大人见郑板桥到来，觉得面上有光，越发得意了。他命人将郑板桥带来的酒打开，给每位贵宾都倒了一杯。大家一尝，发现酒和白水一样，一点味道也没有。州台大人也品尝出了异样，但因碍于情面而不好发作，只好硬着头皮称赞："好酒，好酒。"在座的宾客不愿违逆州台大人的意思，也纷纷附和道："这酒真好喝！"

　　郑板桥看着卖力表演的众人，心里暗自发笑。他将画轴往桌上一放，说道："这是我送给州台大人的祝寿礼物。"说完便扬长而去。众人打开画轴，只见上边写着："君子之交，淡淡如水。"郑板桥的意思是：君子之间的交情，不为名利，不计得失，应该像水一样平淡。显然，郑板桥觉得，州台大人对自己有目的的拉拢并不是真正的"君子之交"。

　　在场众人看完对联，不禁面面相觑，大家明白刚才喝的确实是水，但谁也不敢多说一句话。郑板桥的故事流传开来，人们便用谚语"君子之交淡如水"来形容真正的友情。

## 词语

1. 相反（四级）　　xiāngfǎn　　contrary

2. 庆贺（高等）　　qìnghè　　celebrate

3. 催（高等）　　cuī　　urge

4. 宴会（六级）　　yànhuì　　banquet

5. 烦（四级）　　fán　　fed up

6. 越发（高等）　　yuèfā　　even more

7. 贵宾（高等）　　guìbīn　　honored guest

8. 尝（五级）　　cháng　　taste

9. 品尝（高等）　　pǐncháng　　taste

10. 发作（高等）　　fāzuò　　flare up

11. 只见（五级）　　zhǐjiàn　　only see

12. 君子（高等）　　jūnzǐ　　a man of virtue

13. 交情（高等）　　jiāoqing　　friendship

14. 名利（高等）　　mínglì　　fame and wealth

15. 得失（高等）　　déshī　　gain and loss

16. 拉拢（高等）　　lālǒng　　rope in

17. 对联（高等）　　duìlián　　couplet

18. 一句话（五级）　　yījùhuà　　a word

19. 淡（四级）　　dàn　　light

20. 友情（高等）　　yǒuqíng　　friendship

专有名词

1. 郑板桥　　　　　　　　Zhèng Bǎnqiáo　　　　　　　Zheng Banqiao

注释

① 清代（Qīngdài, Qing Dynasty）：中国朝代，公元 1616 年—1911 年，满族人爱新觉罗·努尔哈赤所建。

② 州台（zhōutái, Prefectural governor）：清代官职名，一州的最高行政长官。"州"是介于省级和县级之间的行政机构。

③ 大人（dàrén, Your Excellency）：旧时称地位高的官长。

练习

**一、选词填空**

催　宴会　品尝　拉拢　对联

1. 春节到了，家家户户都贴上了新的（　　　）。

2. 张明和王红结婚了，他们邀请你去参加他们的新婚（　　　）。

3. 这是这家餐厅的特色菜，你赶紧（　　　）一下。

4. 已经晚上十一点了，妈妈（　　　）小丹快点去睡觉。

5. 这项政策的出台是为了（　　　）更多的选民。

**二、根据要求填写下列词语**

1. 写出下列词语的近义词

庆贺——（　　　）

友情——（　　　）

2. 写出下列词语的反义词

相反——（　　　）

淡——（　　　）

三、用副词"越发"造句（HSK 高等考点）

原文：州台大人见郑板桥到来，觉得面上有光，越发得意了。

"越发"：程度副词，表示程度较之前加深

含"越发"的其他例句：

*随着相处时日的增多，他越发喜欢她了。

*受到老师的表扬后，他学习越发努力了。

*他受到家人的鼓励，越发有自信了。

请用"越发"造句：

四、句型练习

固定格式（HSK 高等考点）

原文：州台大人也品尝出了异样，但因碍于情面而不好发作。

格式：因……而……

其他例句：

*她生性乐观，经常因一件小事而开心。

*她因生妈妈的气而不愿回家。

*我们因今天下雨而没去郊游。

请用"因……而……"造句：

## 目的复句（HSK 高等考点）

原文：官绅们想得到他的字画，以附庸风雅，往自己脸上贴金。

格式：……，以……

其他例句：

*老师每天都布置作业，以使学生在课后得到巩固练习。

*我每天十点就会上床睡觉，以保持充沛的精力。

*她每天乘坐 40 分钟的公共汽车去省图书馆，以查阅写作论文的资料。

请用"……，以……"造句：

## 承接复句（HSK 高等考点）

原文：郑板桥起初不愿意去，后被请得烦不胜烦，才带上画轴和一缸酒前去祝寿。

格式：起初……，……才……

其他例句：

*他起初不原谅她，后来才明白了她的苦衷。

*我起初认为生活是一帆风顺的，后来才发现生活中有许多坎坷。

*他起初不理解这道数学题，后经老师反复讲解，他才基本懂了。

请用"起初……，……才……"造句：

## 五、谚语练习

本文谚语："君子之交淡如水"

写一段你所知道的类似"君子之交淡如水"的故事（300 字左右）。

六、阅读理解

1.郑板桥起初为什么不愿去给州台大人祝寿？

2.州台大人的客人为什么不愿说出郑板桥带来的是水？

3.郑板桥为什么抬一缸水前去贺寿？

## 小人之交甘若醴

西汉时期，有个叫作翟公的人，曾官至廷尉①。他权势很大，因而想巴结他的人非常多，每天都有络绎不绝的宾客前来拜访。然而，天有不测风云。一次，翟公遭到贬谪。没几天工夫，昔日往来的宾客再也不到他家来访。翟公的门庭冷冷清清，门外特别空旷，甚至可以织一张网来捕捉麻雀。眼下的翟公十分落魄，与过去的风光形成了鲜明的对比，他常常暗自摇头叹息。

后来，翟公官复原职，人们见他重新得势，便又想与他攀附关系。经过一场起落的翟公对人心早已洞察如明镜，他拒绝接见各路宾客，并在家门口写下这些字句：

"经过一番生存的欢乐，再经过一番死亡的灾难，才知道谁跟你交情深厚。过过一番富有的生活，又过过一番贫穷的日子，才知道朋友的态度。做过一番高贵的大官，又做过一番低贱的贫民，朋友的情谊才能显露。"

翟公早已明白，过去与他殷勤交往的人都是小人。他们巴结翟公，无非是想从翟公这里获得某种利益。而无论贫富贵贱都愿与你来往的人才是真正的朋友。

俗话说："小人之交甘若醴②。"小人之间的交情像美酒一样甘甜，但经受不起任何的考验。

## 词 语

1.至（五级）　　　　　zhì　　　　　　　to

| 2. 络绎不绝（高等） | luòyìbùjué | in an endless stream |
|---|---|---|
| 3. 风云（高等） | fēngyún | wind and clouds |
| 4. 往来（六级） | wǎnglái | in contact |
| 5. 捕捉（高等） | bǔzhuō | catch |
| 6. 鲜明（四级） | xiānmíng | distinct |
| 7. 对比（四级） | duìbǐ | contrast |
| 8. 摇头（五级） | yáotóu | shake head |
| 9. 死亡（六级） | sǐwáng | die |
| 10. 富有（六级） | fùyǒu | wealthy |
| 11. 贫穷（高等） | pínqióng | poor |
| 12. 高贵（高等） | gāoguì | highly privileged |
| 13. 殷勤（高等） | yīnqín | solicitous |
| 14. 无非（高等） | wúfēi | nothing but |
| 15. 而（四级） | ér | while |
| 16. 贫富（高等） | pínfù | poverty and wealth |
| 17. 经受（高等） | jīngshòu | experience |

## 专有名词

| 1. 翟公 | Zhái Gōng | Zhai Gong |
|---|---|---|

① 廷尉（tíngwèi, Tingwei）：西汉官职名，中央政权中的最高司法官。

② 醴（lǐ, sweet wine）：甜酒。

讲一讲你所知道的"小人之交甘若醴"的故事。

## ·第21课· 不拘一格降人才

　　龚自珍是晚清时期著名的思想家和文学家。他从小就喜欢读书，尤其热爱作诗。十四岁时已能写诗，十八岁时会填词①，二十岁就成为当时小有名气的诗人。他写的诗，想象力丰富，语言清奇，具有浪漫主义倾向。

　　龚自珍从二十八岁起便在清廷为官，见识了不少大风大浪。那时，朝政腐败，英国等列强也对中国虎视眈眈。在如此内外交困的局面下，他时常对中国的未来感到担忧。龚自珍为人正直，看不惯官场中的污浊与黑暗，以至于受到了诸多排挤和打压。终于，在他四十八岁这年，他毅然辞官，准备回乡养老。在回乡的旅途中，他看着祖国的大好河山，目睹生活在苦难中的百姓，不禁感慨万千。龚自珍心中抑郁，进而写下了一首又一首针砭时弊的诗歌。

　　一天，龚自珍路过镇江，只见街上人山人海、热闹非凡，一打听，才知道原来大家在赛神②。人们抬着玉皇③、风神、雷神等天神在虔诚地祭拜。这时，有人认出了龚自珍。一听当代文豪也在这里，一位道士④马上挤上前来恳请龚自珍为天神写篇祭文。龚自珍见国势衰落至此，而人民却将希望寄托在虚无缥缈的神仙身上，心想这篇祭文是万万写不得的。但道士既已发出邀请，他一时也不知如何推脱才好。过了一会儿，龚自珍大笔一挥，写下了一首诗歌：

　　　　九州⑤生气⑥恃⑦风雷，万马齐喑⑧究可哀。

　　　　我劝天公⑨重抖擞⑩，不拘一格降⑪人才。

　　整首诗的大意是说，中国若要变得有生气，就必须凭借疾风迅雷般的社会改革。可是现在人们都保持沉默，社会政局毫无生气，这真是悲哀呀！我奉劝老天爷重新振作起来，不要拘泥于常规，一股脑把有用的人才都降到人间来吧！

　　这首诗流传开来。后来，人们就把"不拘一格降人才"精简成"不拘一格"这个成语，用来比喻行为打破常规，不拘泥于一种方式、办法。

## 词 语

| | | |
|---|---|---|
| 1. 浪漫（五级） | làngmàn | romantic |
| 2. 倾向（六级） | qīngxiàng | tendency |
| 3. 见识（高等） | jiànshi | experience |
| 4. 内外（六级） | nèiwài | internal and external |
| 5. 局面（五级） | júmiàn | situation |
| 6. 担忧（六级） | dānyōu | worry |
| 7. 黑暗（四级） | hēi'àn | dark |
| 8. 以至于（高等） | yǐzhìyú | so that |
| 9. 诸多（高等） | zhūduō | many |
| 10. 毅然（高等） | yìrán | resolutely |
| 11. 养老（六级） | yǎnglǎo | live out one's life in retirement |
| 12. 旅途（高等） | lǚtú | journey |
| 13. 目睹（高等） | mùdǔ | witness |
| 14. 苦难（高等） | kǔnàn | suffering |
| 15. 抑郁（高等） | yìyù | depressed |
| 16. 进而（高等） | jìn'ér | and then |
| 17. 虔诚（高等） | qiánchéng | pious |
| 18. 当代（五级） | dāngdài | contemporary era |
| 19. 神仙（高等） | shénxiān | immortal |

| 20. 挥（高等） | huī | wave |
| 21. 大意（高等） | dàyì | general idea |
| 22. 沉默（四级） | chénmò | silent |
| 23. 毫无（高等） | háowú | none |
| 24. 悲哀（高等） | bēi'āi | sad |
| 25. 振作（高等） | zhènzuò | display vigour |
| 26. 常规（六级） | chángguī | routine |
| 27. 精简（高等） | jīngjiǎn | simplify |

**专有名词**

| 1. 龚自珍 | Gōng Zìzhēn | Gong Zizhen |
| 2. 英国 | Yīngguó | United Kingdom |
| 3. 镇江 | Zhènjiāng | Zhenjiang |

①词（cí, ci）：一种韵文形式，由五言诗、七言诗和民间歌谣发展而成，起于唐代，盛于宋代。原是配乐歌唱的一种诗体，句的长短随着歌调而改变，因此又叫做长短句。

②赛神（sàishén, worship the gods）：中国古时祭祀酬报神恩的迷信活动。

③玉皇（Yùhuáng, Jade Emperor）：道教称天上最高的神。

④道士（dàoshi, Taoist priest）：道教徒。

⑤ 九州（jiǔzhōu, China）：中国的别称。

⑥ 生气（shēngqì, full of vitality）：生机勃勃的局面。

⑦ 恃（shì, rely on）：依靠。

⑧ 喑（yīn, keep silent）：沉默，不说话。

⑨ 天公（tiāngōng, God）：自然界的主宰者。

⑩ 抖擞（dǒusǒu, enliven）：振作，奋发。

⑪ 降（jiàng, bring）：降生，降临。

一、选词填空

倾向　见识　虔诚　振作　常规

1. 你不能轻易地被困难打倒，一定要（　　　）起来，重新开始。

2. 他是（　　　）的佛教徒，坚持吃素、与世无争。

3. 他有暴力（　　　），动不动就打人。

4. 这次到国外旅游，我长了许多（　　　）。

5. 创新的第一步是突破（　　　）思维。

二、写出下列词语的反义词

浪漫——（　　　）

黑暗——（　　　）

诸多——（　　　）

苦难——（　　　）

抑郁——（　　　）

### 三、用副词"万万"造句（HSK 高等考点）

原文：龚自珍见国势衰落至此，而人民却将希望寄托在虚无缥缈的神仙身上，心想这篇祭文是万万写不得的。

"万万"：副词，绝对，无论如何，用于否定式

含"万万"的其他例句：

*夫妻间有什么事要好好商量，万万不能发生肢体冲突。

*你万万不能当着大家的面批评她，这样会伤到她的自尊。

*违法犯罪的事是万万做不得的。

请用"万万"造句：

### 四、句型练习

**固定格式**（HSK 高等考点）

原文：但道士既已发出邀请，他一时也不知如何推脱才好。

格式：不知……好

其他例句：

*她妈妈去世了，大家不知怎样安慰她才好。

*小明特别调皮，老师不知怎样教育他才好。

*我太激动了，一时半会也不知说什么好。

请用"不知……好"造句：

**因果复句**（HSK 高等考点）

原文：龚自珍为人正直，看不惯官场中的污浊与黑暗，以至于受到了诸多排挤和打压。

格式：……，以至于……

其他例句：

*他今天太累了，以至于倒上床就睡着了。

*他性格古怪，以至于大家都不愿与他来往。

*明天要做手术，他十分紧张，以至于整晚都没有睡着。

请用"……，以至于……"造句：




### 递进复句（HSK 高等考点）

原文：龚自珍心中抑郁，进而写下了一首又一首针砭时弊的诗歌。

格式：……，进而……

其他例句：

*不加节制地看手机会使眼睛疲劳，进而导致近视。

*她对丈夫感到失望，进而选择了离婚。

*他俩很聊得来，起初是朋友，进而成为了恋人。

请用"……，进而……"造句：




## 五、成语练习

本文成语："不拘一格"

用"不拘一格"完成以下句子：

*他写的文章角度新颖、＿＿＿＿＿＿＿＿＿＿＿＿＿＿＿＿＿＿＿＿＿＿。

*张老师寓教于乐，＿＿＿＿＿＿＿＿＿＿＿＿＿＿＿＿＿＿，学生们的进步都很快。

*英雄不问出处，公司要发展，就要＿＿＿＿＿＿＿＿＿＿＿＿＿＿＿＿＿＿。

*这款汽车＿＿＿＿＿＿＿＿＿＿＿＿＿＿＿＿＿＿，既美观大方，又舒适安全，在同类商品中显得格外耀眼。

### 六、阅读理解

1. 在龚自珍生活的时代，中国面临怎样的困局？

2. 龚自珍为什么在四十八岁这年辞官回乡？

3. 龚自珍是在怎样的契机下写下了文中的诗歌？

## 林肯任用格兰特

美国南北战争前期，美国总统林肯总是选拔那些作风优良、没有明显缺点的人来担任北方军的将领。然而，这些修养良好的将领在战场上却表现得不怎么好。他们连吃败仗，甚至首都华盛顿都差点丢掉。

林肯受到很大的触动，开始反思自己的用人策略。经过分析他发现，对方的将领从杰克逊起，几乎个个都有明显的缺点，但同时又都有各自的所长。而己方的将领，虽无显著的缺点，但在战场上也没有什么特别的优势。因此他得出结论，认为南方军的总指挥官李将军善于运用手下人的长处，打败了自己这边没有太大缺点，但也没有突出特长的北方军将领。

经过一段时间的考察，林肯认为格兰特很具调兵遣将的才能，便想将其任命为北方军的总司令。可是，此提议一出，就遭到了很多人的反对。人们纷纷前去觐见林肯，说格兰特嗜酒成性，难当大任。林肯却淡定地说："如果我知道他喜欢什么牌子的酒，我一定给他送去两大桶。"其实，林肯并不是不知道酗酒可能误事，但他更明白在北军诸将领中，格兰特最具备运筹帷幄、决胜千里的能力。

林肯力排众议让格兰特当上了北方军总司令，而格兰特也没有辜负林肯的期望。上任后的格兰特接连打了好几场胜仗，扭转了南北战局。终于，在1865年，南方军队投降，北方军取得了决定性的胜利。

南北战争以北方获胜、美国维护统一、实现历史性的进步而告终，但细究起来，这一切都离不开林肯总统对军事人才不拘一格的任用与提拔。

## 词 语

| | | |
|---|---|---|
| 1. 前期（高等） | qiánqī | early stage |
| 2. 总统（四级） | zǒngtǒng | president |
| 3. 选拔（六级） | xuǎnbá | select |
| 4. 作风（高等） | zuòfēng | style |
| 5. 优良（四级） | yōuliáng | excellent |
| 6. 修养（五级） | xiūyǎng | self-cultivation |
| 7. 良好（四级） | liánghǎo | good |
| 8. 不怎么（六级） | bùzěnme | not particularly |
| 9. 丢掉（高等） | diūdiào | lose |
| 10. 触动（高等） | chùdòng | touch |
| 11. 几乎（四级） | jīhū | almost |
| 12. 结论（四级） | jiélùn | conclusion |
| 13. 指挥（四级） | zhǐhuī | command |
| 14. 运用（四级） | yùnyòng | use |
| 15. 打败（四级） | dǎbài | defeat |
| 16. 特长（高等） | tècháng | speciality |
| 17. 考察（四级） | kǎochá | investigate |
| 18. 司令（高等） | sīlìng | commander |
| 19. 桶（高等） | tǒng | cask |

| 20. 酗酒（高等） | xùjiǔ | alcohol abuse |
|---|---|---|
| 21. 辜负（高等） | gūfù | let down |
| 22. 期望（五级） | qīwàng | expectation |
| 23. 扭转（高等） | niǔzhuǎn | turn |
| 24. 维护（四级） | wéihù | maintain |
| 25. 离不开（四级） | líbukāi | can't do without |

### 专有名词

| 1. 林肯 | Línkěn | Lincoln |
|---|---|---|
| 2. 格兰特 | Gélántè | Grant |
| 3. 美国 | Měiguó | America |
| 4. 华盛顿 | Huáshèngdùn | Washington |
| 5. 杰克逊 | Jiékèxùn | Jackson |
| 6. 李 | Lǐ | Lee |

讲一讲你所知道的"不拘一格"的故事。

# 参考答案

## ·第1课·

### 一、选词填空

（1）流域；（2）修建；（3）继承；（4）辛苦；（5）疏通；（6）灌溉；（7）排放；（8）耽误；（9）关键；（10）匆匆

### 二、用汉语解释以下词语

淹：（大水）漫过；盖过

治理：处理；整修

堵：阻塞（通道等）使不通

犹豫：拿不定主意

后人：后代的人；子孙

### 五、惯用语练习

（1）领导们应加强奉献意识，发扬"三过家门而不入"的精神。

（2）我的爸爸是一名警察，平时十分忙碌，经常三过家门而不入，好几个月都没有回家。

（3）丈夫如果因为工作忙碌而忽略了家里的事，三过家门而不入，做妻子的就不应该过度指责他。

## ·第2课·

### 一、选词填空

（1）嘲笑；（2）拒绝；（3）才华；（4）拜访；（5）失败

## 二、用汉语解释以下词语

眼光：看法；观点

出山：（比喻）出来做官，也泛指出来担任某种职务，从事某项工作

意识：觉察

推翻：用武力打垮旧的政权，使局面彻底改变

上当：受骗吃亏

## 五、歇后语练习

**判断正误：**

（1）错误；理由：通常不用表示吃亏上当的歇后语来形容恋爱关系。

（2）错误；理由：老师不是引诱张明吃亏上当的人。

（3）正确；理由：因为这家店味道好，所以顾客在价钱方面吃亏是心甘情愿的。

**猜猜歇后语：**

（1）狗拿耗子——多管闲事。

（2）棒槌里插针——粗中有细。

（3）给你根麦芒——岂能当针（真）。

（4）和尚打伞——无发（法）无天。

（5）孔夫子搬家——尽是书（输）。

## · 第 3 课 ·

## 一、选词填空

（1）花费；（2）宠爱；（3）距离；（4）迷恋；（5）燃烧、丝毫、建造；（6）愤怒、解释、平息

## 二、近义词辨析

（1）同：均表示上级对下级的指示；异："命令"可作名词，"下令"不可以。

（2）同：均形容急切的样子；异："匆匆"有固定用法，如"来去匆匆""行色匆匆"，"匆忙"通常没有固定用法，但可叠用为"匆匆忙忙"。

## 五、成语练习

范例：

自从第一次见到你，就被你长长的头发、大大的眼睛吸引。直到看见你和我踏进了同一间教室，我才猛然醒悟，哦，原来我俩是同学呀！我不禁心下暗喜，时时找机会与你接近。

和你熟悉后，你温柔可爱的性格更加令我心醉。你喜欢听我讲笑话，每次你都笑得甜甜的。阳光照在你的酒窝上，格外迷人。我和你已经很熟络了，也不知在你难以捉摸的心里，究竟是把我当作恋人还是朋友？

今天，我想告诉你，我很喜欢你，做我女朋友吧！我愿意奉献我的所有再一次换取你的千金一笑。

## · 第 4 课 ·

### 一、选词填空

（1）遥远；（2）狭窄；（3）勇敢；（4）智慧；（5）招待；（6）破解；（7）侦察；（8）占领

### 二、用汉语解释以下词语

竞相：互相争着（做）

军事：与军队或战争有关的事情

主力：主要力量

流传：传下来或传播开

相差：相互间差别、距离

## ·第5课·

### 一、选词填空

（1）记载；（2）正直、畏惧；（3）梦想；（4）糊涂

### 二、用汉语解释以下词语

统一：把部分联成整体

善于：在某方面具有特长

附和：人家怎么说，也跟着怎么说

下场：通常指不好的结局

颠倒：两件事物跟原有的或应有的位置相反

### 五、成语练习

（1）A. 新闻报道与事实明显不符。

　　　B. 对啊，这则新闻是在指鹿为马。

（2）A. 老师一直教导我们要明辨是非。

　　　B. 是啊，我们千万不能做指鹿为马的事。

（3）A. 这件事明明是张丹错了，为何领导说是王艳的责任？

　　　B. 领导这是在混淆是非、指鹿为马。

## ·第6课·

### 一、选词填空

（1）国土；（2）照例；（3）告诫；（4）了解；（5）躲

### 二、用汉语解释以下词语

异口同声：形容很多人说同样的话

从今以后：从今天这个时候起

无知：不明事理

相提并论：把不同的人或事物放在一起来谈论或看待

谦虚：不自满，肯接受意见、批评

## 五、成语练习

范例：

中国人要树立民族文化自信，首先就不能妄自菲薄。中国有五千年悠久的历史，有长城、故宫等著名的世界遗迹，有唐诗、宋词、元曲等经典的文学传承，我们要正视这些民族瑰宝。

其次，也不能故步自封、夜郎自大。唐朝是中国古代极鼎盛的时期，唐代之所以繁荣，其要义便在于交流。大唐帝国与新罗、天竺、大食等国家均保持着频繁的贸易、文化往来。即使在今天，我们也可以从世界名著、好莱坞大片，甚至日本动漫中汲取他国的文化精髓，来丰富自己的文化要义。

## · 第 7 课 ·

### 一、选词填空

（1）打扫；看望；兑现

（2）勤奋；臭

### 二、用汉语解释以下词语

大吃一惊：形容对发生的意外事情非常吃惊

佩服：感到可敬而钦佩、心服

感触：接触外界事物引起的思想情绪

晚年：老年时期

前提：事物发生或发展的先决条件

### 五、谚语练习

（1）凡事都要从小处做起，正如俗话所说："一屋不扫何以扫天下"。

（2）我们不仅要志存高远、好好学习，还要养成勤做家务的习惯，不是有一句话叫作"一屋不扫何以扫天下"吗？

（3）空有远大的抱负是不行的，我们不能忽略身边每一件小事，正所谓"一屋不扫何以扫天下"。

## ·第8课·

### 一、根据句子的意思写出相应的词语

（1）搬迁；（2）闲；（3）不禁；（4）眼泪；（5）想念

### 二、用汉语解释以下词语

为人：指做人处世的态度

好在：表示具有某种有利的条件或情况

好意：善良的心意

津津有味：形容有滋味；有趣味

诞生：比喻事物产生

### 五、成语练习

（1）你到了外国，简直乐不思蜀，再也不愿回来了。

（2）到了那个地方，就像到了人间仙境，人们尽情玩乐，流连忘返，乐不思蜀。

（3）眼前景色如此优美，我真是乐不思蜀，不想回去了。

（4）想不到他一去大城市，就乐不思蜀，怎么也不肯回来了。

## ·第9课·

### 一、根据句子的意思写出相应的词语

（1）友人；（2）皇宫；（3）走廊；（4）提议；（5）著作

### 二、写出下列词语的反义词

（1）美丽；（2）高大；（3）出；（4）城外；（5）缓慢

## ·第10课·

### 一、根据句子的意思写出相应的词语

（1）出众；（2）勉强；（3）密切；（4）本性；（5）好评

### 二、用汉语解释以下词语

借口：假托的理由

辞：自行要求离退

日趋：一天一天地走向（某种状态）

送行：到远行人启程的地方，和他告别，看他离开

非凡：超过一般；不寻常

### 五、成语练习

（1）我如今虽然失败了，但只要坚持努力，总会有东山再起的一天。

（2）大丈夫能屈能伸，只要不放弃，就一定会东山再起。

（3）如果这次没有成功，也不要抱怨，总会有东山再起的时候。

（4）他是一个乐观坚强的人，虽现阶段处于困境，但迟早会东山再起的。

## · 第 11 课 ·

### 一、近义词辨析

（1）同：皆表示以甲换乙，起乙的作用；异："取代"通常指甲替换了乙的好位置，而"代替"仅指甲替换乙，无论事情、位置的好坏。

（2）同：均表示凶狠毒辣之意；异："残酷"着重指冷酷无情，可用来形容生活、环境、斗争、战争等，"残忍"着重指心肠狠毒，多形容人的本性。

（3）"性命"指人和动物的生命，"生命"指一切生物体的生命。"生命"也可用来比喻旺盛的活力，如："这样的语言是有生命的。"

### 二、用汉语解释以下词语

逼：逼迫；给人以威胁

血缘：人类因生育而形成的亲缘关系

响应：比喻用语言、行动表示赞同、支持某种号召或倡议

一言不发：一句话也不说

摇摇欲坠：形容非常危险，就要掉下来或垮下来

### 五、谚语练习

（1）元景皓宁死也不愿背弃祖宗，真是宁为玉碎，不为瓦全。

（2）抱着"宁为玉碎，不为瓦全"的决心，他冲出藏身的土坑，向敌人一阵扫射。

（3）我们一定要保卫这座城市，与敌人周旋到底，每个人都要具备"宁为玉碎，不为瓦全"的精神。

（4）宁为玉碎，不为瓦全，元景皓的做法值得我们赞赏。

## · 第 12 课 ·

### 一、近义词辨析

（1）同：均表示对未发生事情提前的估计；异："预感"强调事先的感觉，"预料"强调事前的推测。

（2）作副词时，均表示事情或早或晚总会发生。但"早晚"可作名词，"迟早"不能。

## 二、用汉语解释以下词语

娶：男子把女子接过来结婚

动荡：比喻局势、情况不稳定

功臣：有功劳的臣子，也可泛指对某项事业有显著功劳的人

转交：甲的东西托乙交给丙

心胸：胸怀；气量

## 五、成语练习

（1）他们夫妻俩坚持离婚，看来没有破镜重圆的希望了。

（2）战乱使得他们分隔十年，如今这对夫妇终于破镜重圆了。

（3）他想与前妻复婚，一直在寻找破镜重圆的机会。

（4）宁拆十座庙，不毁一桩婚，希望你们能够破镜重圆。

## · 第 13 课 ·

## 一、选词填空

（1）照料；（2）责怪；（3）接见；（4）寄托；（5）情谊

## 二、近义词辨析

（1）同：都表示深入地考虑；异："思考"表示进行分析、综合、判断、推理、概括等思维活动，"思索"表示想问题，探索某个结论，寻找某个答案。

（2）同：均表示限制、不越出范围的意思；异："束缚"含贬义，可搭配成教条主义的束缚、罗网的束缚等；"约束"是中性词，通常指依据一定的准则，如法律、纪律、制度等，对人或事物加以限制，这种限制可以是正当的，也可以是不正当的。

### 五、歇后语练习

完成句子：

（1）快过年了，我给身在美国的姐姐寄去了一个中国结，东西虽然不贵，但千里送鹅毛——礼轻情意重。

（2）今天我过生日，张芳给我寄来了亲手做的贺卡，虽然邮费都花去了50元，贺卡还没有邮费贵，但千里送鹅毛——礼轻情意重。

（3）我收到了妹妹寄来的家乡特产，邮费比特产贵，但千里送鹅毛——礼轻情意重。感谢妹妹，身在英国的我，终于吃到了家乡的特产。

猜猜歇后语：

（1）门缝里看人 —— 把人看扁了。

（2）过年娶媳妇 —— 双喜临门。

（3）秀才遇到兵——有理说不清。

（4）泥菩萨过河——自身难保。

（5）外甥打灯笼——照舅（旧）。

## ·第14课·

### 一、近义词辨析

（1）同：皆表示看不起、取笑对方之意；异：语意轻重程度不同。"嘲笑"是一般的取笑，语意比较轻；"讥笑"指带有讽刺、挖苦意味的取笑，语意比较重。

（2）同：皆表示振作人心，增强他人信心、勇气之意；异："鼓励"可作动词或名词，"鼓舞"则作动词或形容词。

### 二、写出下列词语的反义词

（1）早期；（2）现代；（3）犹豫不决；（4）瞧得起；（5）已经

### 五、惯用语练习

（1）他上课总是迟到，今天居然破天荒地早到了。

（2）总统由女性担任，在这个国家是破天荒的事情。

（3）爸爸从不喝酒，但今晚破天荒地喝了一次。

（4）期末考试他竟然破天荒地及格了，因为他平时测验总是不及格。

## ·第 15 课·

### 一、选词填空

（1）质问；（2）接二连三；（3）小人；（4）极度；（5）莫名其妙

### 二、写出下列词语的近义词

（1）妒忌；（2）命令、指示；（3）迟疑；（4）妻子；（5）确实

### 五、成语练习

（1）A. 小王说你偷吃了小张的蛋糕。

　　B. 不，我没有偷吃他的蛋糕，这是"莫须有"的罪名。

（2）A. 昨天开会，你怎么和小李吵了起来？

　　B. 我根本没做过那些坏事，他非说我做过，这是"莫须有"的指责。

（3）A. 你怎么不开心？

　　B. 他们非说我偷了小刘的钱，如果是你被冤枉，面对这种"莫须有"的罪名，你不难过吗？

## ·第 16 课·

### 一、选词填空

（1）擅长；（2）别致；（3）主义；（4）摆设；（5）了不起

二、根据要求填写下列词语

写出下列词语的近义词：

（1）尊重；（2）大家；（3）灵活

写出下列词语的反义词：

（1）富；（2）盖；（3）有关

五、惯用语练习

（1）他学的武术根本防御不了坏人，是典型的花架子。

（2）工作要讲实效，不要做表面文章，摆花架子。

（3）我们要做踏实勤奋的人，不做华而不实的花架子。

## ·第 17 课·

一、用汉语解释以下词语

考场：举行考试的场所

例外：在一般的规律、规定之外

随身：带在身上或跟在身旁

不知不觉：没有觉察到

编：整理、加工、组织资料和稿件

二、写出下列词语的近义词

（1）谈论；（2）体会；（3）珍贵；（4）习俗；（5）努力

五、成语练习

（1）学习要持之以恒，这样才能取得进步。

（2）半途而废是可耻的，持之以恒是光荣的。

（3）持之以恒的努力，是事业成功的保证。

（4）锻炼身体要持之以恒，不然没有太大的效果。

（5）学习汉语要花工夫，要有持之以恒的决心。

## ·第18课·

### 一、选词填空

（1）轰动；（2）功劳；（3）悄悄；（4）敬爱；（5）抑制

### 二、用汉语解释以下词语

揣：放在衣服里

烫：温度高的物体与皮肤接触使感觉疼痛

畸形：泛指社会现象等反常状态

养成：培养而使之形成或成长

出游：出外游览

### 五、惯用语练习

（1）A：小明，你今天下午在干什么呢？

　　B：妈妈，我一直在写作业。

　　A：可是电脑主机怎么摸着是烫的，你才关电脑不久吧？

　　B：想不到我玩游戏这么快就被你发现了，我真是露出马脚了呀！

（2）A：王方在简历上写她是上海人。

　　B：可我昨天面试她，明明说的一口东北话。

　　A：啊，看来她太虚荣了，撒了谎，却在面试中露了马脚。

（3）A：老师，我没有拿小红的书。

　　B：但其他同学都看到你翻过小红的抽屉。

　　C：老师，虽然小华嘴上不承认拿了我的书，但他的行为已经露出了马脚。

## · 第 19 课 ·

### 一、选词填空

（1）恩人；（2）安心；（3）寻；（4）添；（5）管教

### 二、根据要求填写下列词语

写出下列词语的近义词：
（1）名誉；（2）眨眼；（3）惭愧
写出下列词语的反义词：
（1）宽；（2）晚年；（3）昔日

## · 第 20 课 ·

### 一、选词填空

（1）对联；（2）宴会；（3）品尝；（4）催；（5）拉拢

### 二、根据要求填写下列词语

写出下列词语的近义词：
（1）庆祝；（2）友谊
写出下列词语的反义词：
（1）相同；（2）浓

### 五、谚语练习

范例：

春秋战国时期，晋国官员伯牙善弹七弦琴，技艺高超。他既是弹琴能手，又是作曲家，被当时的人们称为"琴仙"。据史料记载，伯牙的琴音可感化动物。他弹琴时，就连马儿都听得津津有味。

但令伯牙遗憾的是，很少有其他人能够完全体悟、领会他的琴音。直到他遇到了樵夫钟子期。当伯牙弹奏的琴声雄壮高亢时，钟子期说："这琴声表达了高山的雄伟气势。"当伯牙的琴声变得清新流畅时，钟子期说："这琴声表达的是无尽的潺潺流水。"伯牙与钟子期之间没有过多的语言交流，但彼此却真正了解对方的心意。

人们常说："人生难得一知己。"伯牙与钟子期的友情不计名利、不计得失，完全因彼此理解而心心相印。因此，他们的友谊令人动容、传唱千古。

## ·第 21 课·

### 一、选词填空

（1）振作；（2）虔诚；（3）倾向；（4）见识；（5）常规

### 二、写出下列词语的反义词

（1）现实；（2）光明；（3）稀少；（4）幸福；（5）舒畅

### 五、成语练习

（1）他写的文章角度新颖、不拘一格。

（2）张老师寓教于乐，教学方法不拘一格，学生们的进步都很快。

（3）英雄不问出处，公司要发展，就要不拘一格地选用人才。

（4）这款汽车设计不拘一格，既美观大方，又舒适安全，在同类商品中显得格外耀眼。